BLOCKHAIN Y SMART CONTRACTS

Programación y Desarrollo
WEB 3.0

Blockchain y Smart Contracts con Solidity, Programación y Desarrollo WEB 3.0

1. **Introducción a Blockchain**

   1.1 Definición y conceptos básicos

   1.2 Historia y evolución de Blockchain

   1.3 Ventajas y desventajas de Blockchain

   1.4 Aplicaciones y usos de Blockchain

2. **Fundamentos de Smart Contracts**

   2.1 ¿Qué son los Smart Contracts

   2.2 Ventajas y desventajas de los Smart Contracts

   2.3 Lenguajes de programación para Smart Contracts

   2.4 Ejemplos de uso de Smart Contracts

3. **Desarrollo de Smart Contracts con Solidity**

   3.1 Introducción a Solidity

   3.2 Sintaxis y estructura de los contratos en Solidity

   3.3 Desarrollo de contratos y aplicaciones con Solidity

   3.4 Pruebas y depuración de contratos en Solidity

4. **Desarrollo de Aplicaciones descentralizadas con Ethereum**

   4.1 Introducción a Ethereum

   4.2 Creación de aplicaciones descentralizadas con Ethereum

   4.3 Integración de contratos inteligentes en aplicaciones Ethereum

   4.4 Uso de Oráculos y servicios externos en aplicaciones Ethereum

5. **Seguridad en Blockchain y Smart Contracts**

   5.1 Amenazas y vulnerabilidades en Blockchain

   5.2 Técnicas de seguridad para contratos inteligentes

   5.3 Prácticas recomendadas para desarrollar contratos seguros

Resumen y conclusiones

- Resumen de los conceptos y tecnologías vistos en el libro

- Conclusiones sobre la importancia y relevancia de Blockchain y Smart Contracts

- Perspectivas futuras y oportunidades en el desarrollo de soluciones Blockchain

Anexos

- Material complementario y recursos adicionales para seguir profundizando en la materia.

- Ejemplos prácticos y casos de uso de soluciones Blockchain y Smart Contracts.

- Lista de herramientas y recursos para el desarrollo de aplicaciones Blockchain y Web 3.0.

PRACTICA: Desarrollo práctico de aplicaciones Blockchain:

- Implementación de contratos inteligentes

- Creación de un Token ERC-20 Avanzado

- Creación de aplicaciones descentralizadas

- Integración de soluciones Blockchain

- Creación de una plataforma de intercambio descentralizada (DEX) utilizando contratos inteligentes

- Creación de una plataforma de intercambio descentralizada (DEX) utilizando contratos inteligentes

- Desarrollo de una aplicación de votación descentralizada utilizando tecnología blockchain y contratos inteligentes

¿Te gustaría ser parte de la próxima era digital y liderar la creación de soluciones innovadoras en el mercado blockchain? ¿Estás listo para unirte a la revolución blockchain, y descubrir las maravillas y oportunidades de la programación de contratos inteligentes y el desarrollo web 3.0?Si la respuesta es sí,¡bienvenido a bordo! Date prisa, antes de que explote la próxima revolución digital, formándote para liderar y aprovecharte del próximo boom tecnológico.

Estamos en una época en la que la tecnología se está expandiendo a un ritmo vertiginoso y la demanda de expertos en blockchain y contratos inteligentes está aumentando de manera exponencial. En un mercado cada vez más digital, la tecnología blockchain y los contratos inteligentes están revolucionando la forma en que hacemos negocios y manejamos la información Si te gusta estar al día con las últimas tendencias tecnológicas y estás interesado en aprender cómo puedes aprovecharlas para mejorar sustancialmente tu carrera y perfil profesional, este libro es para ti.

Aprovecha las inmensas oportunidades que ofrece el mercado laboral en el desarrollo web 3.0 y tecnologías Blockchain, convirtiendoté en un experto gracias a este libro.

Vas a conseguir dominar la tecnología blockchain y cómo crear contratos inteligentes con Solidity, un lenguaje de programación para la plataforma Ethereum. Además, exploraremos el desarrollo web 3.0, un nuevo enfoque en la construcción de aplicaciones descentralizadas que permite una mayor transparencia, seguridad y privacidad en la red. El libro está diseñado tanto para gente con grandes concocimientos en la materia que quiera perfeccionarlos, como para los que sean "novatos", ya que de una forma muy clara y bien definida, aprenderás lo necesario y fundamental, para posteriormente dominar y convertirte en un experto.

Los objetivos del libro incluyen el aprendizaje de los conceptos fundamentales de blockchain, la comprensión de cómo funcionan los contratos inteligentes, el dominio de Solidity para la creación de contratos, y la habilidad para desarrollar aplicaciones web 3.0 utilizando las mejores prácticas de programación. Al final del libro, tendrás una comprensión sólida de esta tecnología emergente y habrás adquirido las habilidades necesarias para convertirte en un desarrollador altamente valorado en el mercado.

Además, el conocimiento adquirido en este libro didáctico, puede llevarte a una variedad de oportunidades profesionales en el campo de la tecnología, como desarrollador de blockchain, experto en contratos inteligentes, ingeniero de software y expeeto en criptomonedas, creación y comercialización de tokens, y mucho más.

Así que si estás listo para sumergirte en un mundo lleno de posibilidades y desafíos, ¡comencemos! Porque como dijo el filósofo de la tecnología y futurista Kevin Kelly: "La tecnología no es una opción, es una hoja de ruta".

¡bienvenido al futuro digital!"

En el primer capítulo, comenzamos con una introducción a Blockchain, y abordaremos los conceptos básicos de Blockchain, así como su historia y evolución. Además, vamos a explorar las ventajas y desventajas de Blockchain y sus diferentes aplicaciones y usos en la sociedad y en los negocios. Si eres nuevo en el mundo de Blockchain o estás interesado en conocer más sobre este tema, este capítulo es esencial para ti. ¡Prepárate para adentrarte en el fascinante mundo de Blockchain y sus múltiples posibilidades!

1   Introducción a Blockchain

1.1 Definición y conceptos básicos

1.2 Historia y evolución de Blockchain

1.3 Ventajas y desventajas de Blockchain

1.4 Aplicaciones y usos de Blockchain

1.1 Definición y conceptos básicos

Blockchain es una tecnología de registro distribuido que permite registrar y almacenar transacciones en una base de datos segura, inmutable y accesible para todas las partes involucradas. La tecnología blockchain fue creada en 2008 para alojar la criptomoneda Bitcoin, pero desde entonces ha evolucionado y se ha utilizado en una amplia variedad de aplicaciones y sectores, incluyendo finanzas, logística, identidad digital, etc.

Hay ciertos conceptos básicos que son fundamentales conocer e integrarlos, como por ejemplo los nodos, bloques, encadenamiento, hashes, y consenso. Los nodos son los dispositivos o computadoras que participan en una red blockchain y mantienen una copia de la base de datos completa. Cada bloque contiene una cantidad determinada de transacciones y está conectado a los bloques previos y siguientes a través de un proceso de encadenamiento. Los hashes son códigos únicos que se utilizan para identificar y vincular los bloques entre sí, y el consenso es el proceso mediante el cual los nodos de una red blockchain llegan a un acuerdo sobre el estado actual de la base de datos.

Vamos a poner dos ejemplos para comprender mejor, y entender la importancia que tiene está tecnología en situaciones reales.

Ejemplo simple: Imaginen que están en una red social en la que pueden hacer transacciones y pagos entre ellos. Cada transacción es registrada en un bloque y encadenada a los bloques previos, creando una cadena segura y confiable de transacciones.

Ejemplo avanzado: Supongamos que están en una red de supply chain en la que varias empresas están involucradas en la producción y distribución de un producto. Cada transacción en la cadena de suministro, desde la adquisición de materias primas hasta la entrega del producto final, es registrada en un bloque y encadenada a los bloques previos. Esto permite a todas las partes involucradas tener una visibilidad completa y precisa sobre el estado de la cadena de suministro en tiempo real, asegurando la transparencia y la confianza en el proceso.

En conclusión, los conceptos básicos de blockchain son clave para comprender cómo funciona esta tecnología y cómo se puede aplicar en diferentes industrias. Desde la simplicidad de hacer transacciones en una red social hasta la complejidad de manejar una cadena de suministro en tiempo real, la tecnología blockchain ofrece soluciones innovadoras para una amplia variedad de desafíos. En los anexos del libro, se incluye un glosario muy completo de conceptos y términos relacionados con la materia, el cual os será de gran utilidad.

1.2 Historia y evolución de Blockchain

Blockchain es una tecnología que ha revolucionado la forma en que las personas y las empresas realizan transacciones y procesan información. Pero, ¿cómo surgió Blockchain?

¿Cuáles fueron sus primeras aplicaciones?

Blockchain surgió como una solución a los problemas de seguridad en el mundo digital. La primera aplicación de Blockchain fue Bitcoin, una criptomoneda digital creada en 2008. La idea detrás de Bitcoin era crear un sistema financiero descentralizado que no dependiera de intermediarios, como bancos, para llevar a cabo transacciones. Para hacer esto, Bitcoin utilizó una tecnología llamada "cadena de bloques" que permitía a todos los usuarios verificar y registrar las transacciones en una base de datos compartida.

Desde entonces, la tecnología Blockchain ha evolucionado mucho y ha encontrado aplicaciones en múltiples sectores, como la banca, la salud, el gobierno y la logística. En los últimos años, se ha desarrollado una nueva forma de Blockchain llamada "cadenas de bloques de próxima generación" que permiten una mayor escalabilidad, velocidad y privacidad en comparación con las primeras formas de Blockchain.

Como dato curioso, una de las aplicaciones más innovadoras de la tecnología Blockchain es la utilización de contratos inteligentes en el sector financiero. Estos contratos permiten a los usuarios crear acuerdos automatizados que se ejecutan de forma segura y confiable sin la necesidad de intermediarios, lo que reduce los costos y aumenta la eficiencia en el procesamiento de transacciones financieras.

1.3 Ventajas y desventajas de Blockchain

La tecnología Blockchain ha revolucionado el mundo digital en los últimos años. La descentralización, la transparencia y la inmutabilidad de los registros son solo algunas de las muchas ventajas que ofrece. Sin embargo, también existen desventajas que deben ser consideradas antes de implementar una solución basada en Blockchain. En este capítulo, conoceremos tanto las ventajas como las desventajas de Blockchain.

Una de las mayores ventajas de Blockchain es la descentralización. Al contrario de los sistemas centralizados, donde una entidad central controla los datos, en Blockchain, los datos se almacenan en múltiples nodos, lo que significa que ningún nodo en particular controla la información. Esto hace que la información sea más segura, ya que no depende de una sola entidad para su seguridad y accesibilidad. Además, también permite una mayor eficiencia en la gestión de datos y transacciones, lo que a su vez reduce los costos y los tiempos de procesamiento.

Otra ventaja importante de Blockchain es la transparencia. Todas las transacciones registradas en la cadena de bloques son públicas y visibles para cualquier persona. Esto significa que cualquiera puede verificar la autenticidad de una transacción y la información asociada con ella. Además, también permite una mayor transparencia en la gestión de fondos, lo que puede ser especialmente útil en aplicaciones como el voto electrónico o la gestión de fondos públicos.

Sin embargo, también existen algunas desventajas a tener en cuenta. Una de las principales desventajas es la escalabilidad. A medida que aumenta la cantidad de usuarios y transacciones en la red, también aumenta la cantidad de datos almacenados en la cadena de bloques. Esto puede dificultar la gestión de la red y reducir la velocidad de procesamiento. Además, también existe el riesgo de hacking y ciberataques, ya que todas las transacciones están registradas en la cadena de bloques y pueden ser vulnerables a ataques.

En resumen, Blockchain ofrece muchas ventajas y algunas desventajas que deben ser consideradas antes de implementar una solución basada en esta tecnología.

1.4 Aplicaciones y usos de Blockchain

A continuación vamos a explorar el alcance y la versatilidad de Blockchain; una tecnología que ha revolucionado la forma en que las personas y las empresas manejan, almacenan y transmiten información y valor. Blockchain es una plataforma que permite la creación de aplicaciones descentralizadas, confiables y seguras que pueden ser utilizadas en una amplia gama de usos y aplicaciones. Desde sistemas de pagos y contratos inteligentes hasta identidades digitales y aplicaciones de votación, la tecnología Blockchain tiene el potencial de transformar el mundo digital.

Blockchain es una tecnología altamente versátil y puede ser utilizada en una amplia gama de aplicaciones. A continuación, describiremos algunos de los usos más comunes de Blockchain:

a) Sistemas de pagos

Uno de los usos más comunes de Blockchain es en sistemas de pagos. Al utilizar la tecnología Blockchain, es posible crear sistemas de pagos confiables y seguros que permiten la transferencia de valor sin la necesidad de intermediarios. Esto reduce los costos asociados con las transacciones y aumenta la eficiencia del sistema. Por ejemplo, Bitcoin es un sistema de pago descentralizado basado en Blockchain que permite a las personas enviar y recibir dinero sin la necesidad de intermediarios.

b) Contratos inteligentes

Otro uso importante de Blockchain es en la creación de contratos inteligentes. Un contrato inteligente es un programa que se ejecuta de manera autónoma en la blockchain, cumpliendo con las condiciones establecidas en su código. Esto permite la automatización de contratos y procesos, reduciendo los costos y aumentando la eficiencia. Por ejemplo, Ethereum es una plataforma basada en Blockchain que permite a los desarrolladores crear y ejecutar contratos inteligentes.

c) Identidades digitales

Blockchain también puede ser utilizada en la creación de identidades digitales. Una identidad digital es un registro único y seguro que permite a un individuo o entidad probar su identidad en línea. Al utilizar Blockchain, es posible crear identidades digitales confiables y seguras que pueden ser utilizadas en una amplia gama de aplicaciones, como la banca, el comercio y la votación.

d) Aplicaciones de votación

Blockchain es una tecnología que tiene una amplia gama de aplicaciones y usos, lo que la convierte en una herramienta valiosa y versátil. Desde su uso en el sector financiero hasta su uso en la industria de la identidad digital, Blockchain es una tecnología en constante evolución que está siendo aplicada a una gran cantidad de problemas y desafíos que enfrentamos en la sociedad actual.

Una de las aplicaciones más comunes de Blockchain es en el sector financiero, donde se utiliza para simplificar y mejorar la eficiencia de los procesos financieros. Por ejemplo, una de las más conocidas es la criptomoneda Bitcoin, que utiliza la tecnología Blockchain para crear un sistema de pagos seguro y eficiente.

Otra aplicación importante de Blockchain es en el sector de la identidad digital. La tecnología permite la creación de un registro digital seguro y permanente de la información personal de un individuo, lo que facilita el acceso y la verificación de la identidad de una persona. Esto es especialmente útil en aplicaciones de votación en línea y en la verificación de identidades en el sector financiero.

Un ejemplo simple de aplicación de Blockchain es el uso de una criptomoneda como forma de pago en línea. Un ejemplo avanzado es el uso de una aplicación basada en Blockchain para la verificación de identidades en el sector financiero, lo que permite un proceso más eficiente y seguro.

En resumen, Blockchain es una tecnología que tiene una amplia gama de aplicaciones y usos, lo que la convierte en una herramienta valiosa y versátil en la sociedad actual. Su capacidad para crear un registro digital seguro y permanente de la información, combinada con su capacidad para simplificar y mejorar los procesos financieros, lo hacen una tecnología esencial en el futuro.

2. Fundamentos de Smart Contracts

Bienvenidos al segundo capítulo de nuestra obra, en este capítulo exploraremos los fundamentos de los Smart Contracts, una tecnología revolucionaria que ha tenido un impacto significativo en la industria blockchain. Aprenderás acerca de lo que son los Smart Contracts, sus ventajas y desventajas, los lenguajes de programación que se utilizan para crearlos y ejemplos concretos de cómo se han implementado en el mundo real. Si te interesa conocer cómo los Smart Contracts pueden transformar la forma en que interactuamos y hacemos negocios en línea, este capítulo es para ti. Te aseguramos que será un viaje emocionante a través de un mundo de posibilidades y oportunidades infinitas. ¡Empecemos!

2.1 ¿Qué son los Smart Contracts

En el mundo tecnológico, los Smart Contracts son una revolución que ha venido para quedarse. Estos contratos inteligentes son una combinación perfecta de tecnología, derecho y economía, y están cambiando la forma en que las personas interactúan entre sí y realizan transacciones. Pero, ¿qué son exactamente los Smart Contracts?

A nivel técnico, los Smart Contracts son programas autónomos que ejecutan y controlan la transferencia de activos digitales entre partes. Esencialmente, estos contratos automatizan la ejecución de acuerdos mediante la utilización de reglas y condiciones previamente establecidas. Al ser autónomos y ejecutarse de manera automática, estos contratos eliminan la necesidad de intermediarios y, por lo tanto, reducen el costo, el tiempo y la complejidad de las transacciones.

Un ejemplo simple de un Smart Contract podría ser un acuerdo entre dos partes para vender un producto en una plataforma en línea. La regla previamente establecida podría ser que la transacción solo se realice si el comprador ha recibido y aprobado el producto. De esta manera, el Smart Contract automáticamente transferiría los fondos del comprador al vendedor una vez que se cumpla la regla establecida.

Por otro lado, un ejemplo avanzado de un Smart Contract podría ser una plataforma de votación en línea que utiliza la tecnología blockchain para asegurar la transparencia y la integridad de los resultados. El Smart Contract podría incluir reglas para validar los votos y garantizar que solo sean contabilizados los votos de los miembros elegibles. De esta manera, los resultados de la votación son precisos y confiables, sin la necesidad de un intermediario.

En resumen, los Smart Contracts son programas autónomos que están transformando la forma en que interactuamos y realizamos transacciones. Con su combinación de tecnología, derecho y economía, estos contratos inteligentes están revolucionando la manera en que hacemos negocios y interactuamos entre nosotros. ¡Es emocionante ver cómo esta tecnología seguirá evolucionando y transformando el mundo en el futuro!

2.2 Ventajas y desventajas de los Smart Contracts

El uso de contratos inteligentes, conocidos como Smart Contracts, ha generado un gran interés en el mundo de la tecnología y las finanzas. Estos contratos son programas autónomos que se ejecutan de manera independiente y sin necesidad de intermediarios. Algunas de sus características incluyen transparencia, seguridad y eficiencia.

Sin embargo, como toda nueva tecnología, los Smart Contracts también tienen sus desventajas. Una de las más importantes es la dificultad de corregir errores en el código una vez que ha sido publicado en la cadena de bloques. Además, su uso puede ser limitado en situaciones en las que es necesario interactuar con el mundo real, lo cual requiere una serie de soluciones técnicas complejas.

A pesar de estos desafíos, los Smart Contracts han demostrado ser una herramienta poderosa en la creación de aplicaciones descentralizadas. Algunos ejemplos simples incluyen la creación de sistemas de votación electrónica, la gestión de derechos de autor y la automatización de procesos financieros.

Por otro lado, los contratos inteligentes también han demostrado su potencial en aplicaciones más avanzadas, como la creación de sistemas de identidad digital, la creación de exchanges descentralizados y la automatización de procesos de negociación en el mercado de valores.

En resumen, los Smart Contracts son una herramienta valiosa que ofrece muchas ventajas, pero también presentan desafíos que deben ser abordados de manera cuidadosa. Al comprender sus fortalezas y debilidades, podemos tomar una decisión informada sobre su uso en una amplia variedad de aplicaciones.

2.3 Lenguajes de programación para Smart Contracts

Los Smart Contracts son contratos inteligentes que utilizan tecnología blockchain para autenticar, validar y ejecutar transacciones de manera automática. Este tipo de contrato permite la eliminación de intermediarios y la aplicación de reglas y condiciones claras en las transacciones. Para que estos contratos funcionen, se requiere un lenguaje de programación adecuado que los describa y los ponga en acción. En este subcapítulo exploraremos los diferentes lenguajes de programación utilizados en la creación de Smart Contracts.

Los lenguajes de programación utilizados en la creación de Smart Contracts son esenciales para asegurar la seguridad, eficiencia y eficacia de los mismos. Algunos de los lenguajes más populares incluyen Solidity, Viper, Bamboo y Lisk. Cada uno de estos lenguajes cuenta con sus propias características y fortalezas, por lo que es importante seleccionar el adecuado para cada proyecto específico.

Solidity es un lenguaje de programación de alto nivel, desarrollado específicamente para la creación de Smart Contracts en la plataforma Ethereum. Este lenguaje es muy fácil de aprender para los programadores con experiencia en lenguajes como JavaScript o Python. Solidity permite la creación de contratos complejos y sofisticados, con la seguridad de que las transacciones serán autenticadas y validadas de forma automática.

Viper es otro lenguaje de programación popular utilizado en la creación de Smart Contracts. Este lenguaje se enfoca en la seguridad y la simplicidad, lo que lo hace ideal para proyectos que requieren contratos robustos y seguros. Viper cuenta con una sintaxis clara y fácil de entender, lo que lo hace accesible para programadores con diferentes niveles de experiencia.

Bamboo es un lenguaje de programación diseñado para la creación de Smart Contracts en la plataforma EOS. Este lenguaje es conocido por su eficiencia y velocidad, lo que lo hace ideal para proyectos que requieren un alto rendimiento y escalabilidad. Bamboo también es fácil de aprender para los programadores con experiencia en lenguajes como C++ o Java.

Lisk es un lenguaje de programación que permite la creación de Smart Contracts en la plataforma Lisk. Este lenguaje es conocido por su simplicidad y versatilidad, lo que lo hace ideal para proyectos de todos los tamaños y complejidades. Lisk cuenta con una sintaxis clara y fácil de entender.

2.4 Ejemplos de uso de Smart Contracts

En este subcapítulo, vamos a profundizar en los ejemplos reales de cómo se pueden utilizar los Smart Contracts en la vida cotidiana. La implementación de estos contratos inteligentes puede tener un impacto significativo en muchos aspectos de nuestra vida, desde la gestión de activos hasta la resolución de conflictos.

Para entender mejor su potencial, vamos a considerar dos ejemplos: uno sencillo y otro avanzado.

Ejemplo sencillo: Una empresa de alquiler de bicicletas podría crear un Smart Contract para garantizar el pago de la tarifa de alquiler. Cuando un cliente devuelve la bicicleta, el contrato se ejecuta automáticamente y transfiere el pago desde la cuenta del cliente a la de la empresa. De esta manera, se evitan retrasos en los pagos y se asegura la transparencia y seguridad en la transacción.

Ejemplo avanzado: Una organización benéfica podría utilizar un Smart Contract para llevar un registro de las donaciones recibidas y garantizar que se utilicen únicamente para los fines previstos. El contrato podría estar programado para liberar fondos solo cuando se cumplan ciertos requisitos específicos, como la aprobación de un comité de revisión. De esta manera, se garantiza la transparencia y se evitan malversaciones.

En conclusión, los Smart Contracts son una herramienta poderosa que puede revolucionar la forma en que llevamos a cabo transacciones y resolvamos conflictos. Con su capacidad de automatizar procesos y garantizar la transparencia y seguridad de las transacciones, los Smart Contracts tienen el potencial de transformar muchos aspectos de nuestra vida. ¡Estamos emocionados de explorar más profundamente su potencial en el próximo subcapítulo!

3. Desarrollo de Smart Contracts con Solidity

Bienvenidos al tercer capítulo de nuestro libro de Smart Contracts, en este capítulo profundizaremos en el desarrollo de los contratos inteligentes, aprenderemos cómo crear y desarrollar contratos usando Solidity, el lenguaje de programación más popular y utilizado para crear contratos inteligentes en la blockchain Ethereum.

En este capítulo, exploraremos la sintaxis y estructura de los contratos en Solidity, aprenderemos cómo desarrollar contratos y aplicaciones con Solidity y cómo probar y depurar los contratos para asegurarnos de su correcto funcionamiento.

Si estás interesado en desarrollar contratos inteligentes y estás buscando un camino para aprender a hacerlo de manera efectiva, entonces este capítulo es para ti. ¡Aprenderás todo lo que necesitas para crear y desarrollar tus propios contratos inteligentes con Solidity!

Estamos ansiosos por compartir nuestro conocimiento y experiencia contigo y ayudarte a alcanzar tus objetivos en el mundo de los contratos inteligentes. ¡Empecemos!

3.1 Introducción a Solidity

Bienvenidos a la sección de introducción a Solidity, el lenguaje de programación de smart contracts más popular en la plataforma Ethereum. Solidity es un lenguaje altamente versátil y potente, diseñado específicamente para la creación de contratos inteligentes en la blockchain de Ethereum. Con él, podrás escribir código para crear aplicaciones descentralizadas, automatizar procesos y, en última instancia, transformar la forma en que interactuamos y hacemos negocios en el mundo digital.

Pero, ¿qué es Solidity exactamente y cómo funciona? Solidity es un lenguaje de programación orientado a objetos, basado en JavaScript, con algunas características únicas que lo hacen ideal para la creación de contratos inteligentes. Solidity permite a los desarrolladores crear contratos que se ejecutan de manera autónoma en la blockchain, sin la necesidad de intermediarios o terceros. Esto significa que los contratos pueden gestionar la transferencia de valor y la autenticación de transacciones sin la necesidad de confianza en un tercero.

Para ilustrar la versatilidad de Solidity, vamos a ver dos ejemplos de código: uno simple y otro más avanzado. El primer ejemplo es un contrato básico de transferencia de fondos que permite a los usuarios transferir fondos entre sí:

```
pragmasolidity^0.8.0;

contract TransferFunds {
mapping(address =>uint256)public balances;

function transfer(addresspayable _to,uint256 _value)public{
require(balances[msg.sender]>= _value,"Saldo insuficiente");
balances[msg.sender]-= _value;
balances[_to]+= _value;
}
}
```

Por otro lado, el segundo ejemplo es un contrato más avanzado que crea una subasta descentralizada. Este contrato permite a los usuarios hacer ofertas en un objeto determinado, y el contrato se encarga de elegir la oferta más alta cuando el tiempo de la subasta finaliza:

```
pragmasolidity^0.8.0;

contract Auction {
addresspublic seller;
addresspublic highestBidder;
uint256public highestBid;

event NewBid(address bidder,uint256 bid);

function auction(uint256 _startingBid)public{
seller =msg.sender;
highestBid = _startingBid;
}

function bid()publicpayable{
require(msg.value > highestBid,"La oferta debe ser mayor que la oferta actual");
require(highestBidder !=address(0),"El vendedor es la única persona
```

3.2 Sintaxis y estructura de los contratos en Solidity.

En el mundo de los contratos inteligentes, Solidity es uno de los lenguajes de programación más utilizados y conocidos. Desarrollado específicamente para la creación de contratos en la plataforma Ethereum, Solidity ofrece una amplia variedad de características y herramientas que permiten a los desarrolladores crear aplicaciones robustas y confiables.

La sintaxis de Solidity se basa en la de otros lenguajes de programación populares, como C++ y JavaScript, lo que la hace fácil de aprender para aquellos con experiencia previa en programación. Además, Solidity permite la creación de contratos más complejos y avanzados mediante la utilización de funciones, variables y estructuras de datos.

La estructura de los contratos en Solidity es igual de importante que su sintaxis. Cada contrato en Solidity está compuesto de una serie de funciones y variables, que trabajan juntas para llevar a cabo la lógica deseada. Además, los contratos en Solidity pueden ser modificados y actualizados en el futuro, lo que los hace altamente escalables y versátiles.

A continuación, se presentan dos ejemplos de contratos en Solidity: uno simple y otro avanzado.

Ejemplo simple:

```
pragmasolidity^0.8.0;

contract SimpleContract {
uint256public variable1;

function setVariable1(uint256 _variable1)public{
variable1 = _variable1;
}

function getVariable1()publicviewreturns(uint256){
return variable1;
}
}
```

Este contrato simple define una variable pública llamada "variable1" y dos funciones para establecer y obtener su valor. La función "setVariable1" permite a los usuarios establecer el valor de "variable1", mientras que la función "getVariable1" permite a los usuarios obtener su valor actual.

Ejemplo avanzado:

```
pragmasolidity^0.8.0;

contract AdvancedContract {
uint256public variable1;
mapping(address =>uint256)public balances;

function deposit()publicpayable{
require(msg.value >0,"Amount must be greater than 0");
balances[msg.sender]+=msg.value;
}

function withdraw(uint256 amount)public{
require(balances[msg.sender]>= amount,"Insufficient balance");
balances[msg.sender]-= amount;
msg.sender.transfer(amount);
}

function getBalance(address _address)publicviewreturns(uint256){
return balances[_address];
}
}
```

Este contrato avanzado utiliza una estructura de datos llamada "mapping".

3.3 Desarrollo de contratos y aplicaciones con Solidity

El lenguaje de programación Solidity es una herramienta indispensable para el desarrollo de contratos inteligentes y aplicaciones en la cadena de bloques Ethereum. La sintaxis y estructura de los contratos en Solidity están diseñadas para ser simples y fácilmente entendibles, pero a la vez potentes y flexibles para satisfacer las necesidades de una amplia gama de aplicaciones.

En este subcapítulo, exploraremos el proceso de desarrollo de contratos y aplicaciones con Solidity. Aprenderemos cómo crear contratos, definir variables y funciones, y utilizar algunos de los recursos avanzados que Solidity ofrece para mejorar la seguridad y la escalabilidad de nuestras soluciones.

Comencemos con un ejemplo sencillo. Supongamos que deseamos crear un contrato para almacenar una cadena de texto y permitir que los usuarios la lean y la escriban. Aquí está el código de ejemplo:

```
pragmasolidity^0.8.0;

contract SimpleStorage {
stringpublic message;

function setMessage(stringmemory _message)public{
message = _message;
}

function getMessage()publicviewreturns(stringmemory){
return message;
}
}
```

Este ejemplo ilustra cómo crear un contrato y cómo definir variables y funciones en Solidity. La variable **message** se declara como **public** para que sea accesible desde fuera del contrato. Las funciones **setMessage** y **getMessage** permiten escribir y leer el valor de la variable **message**, respectivamente.

Ahora, veamos un ejemplo más avanzado. Supongamos que queremos crear un contrato para implementar un sistema de subastas. En este caso, el contrato debe llevar un registro de los ofertantes y sus ofertas, y elegir la oferta más alta al final de la subasta. Aquí está el código de ejemplo:

```
pragmasolidity^0.8.0;

contract Auction {
addresspublic highestBidder;
uintpublic highestBid;

event NewBid(address bidder,uint bid);

function bid(uint _bid)publicpayable{
require(_bid > highestBid,"Bid is not high enough.");
require(msg.value == _bid,"Bid does not match value.");

highestBidder =msg.sender;
highestBid = _bid;

emit NewBid(msg.sender, _bid);
}

function endAuction()public{
require(msg.sender == highestBidder,"Only highest bidder can end auction.");

msg.sender.transfer(highestBid);
}
}
```

3.4 Pruebas y depuración de contratos en Solidity

El subcapítulo 3.4, Pruebas y depuración de contratos en Solidity, es un aspecto fundamental para asegurar la calidad y fiabilidad de los contratos inteligentes. Una vez que se han escrito los contratos, es necesario verificar que cumplan con las especificaciones y que no tienen errores que puedan afectar negativamente a sus usuarios. La prueba y la depuración son etapas cruciales en el desarrollo de contratos inteligentes, y en este subcapítulo veremos cómo realizarlas con eficacia utilizando Solidity.

La prueba de los contratos se realiza para asegurarse de que cumplen con los requisitos especificados y para detectar cualquier error o comportamiento inesperado. Las pruebas se pueden realizar utilizando diferentes herramientas, como Truffle o Ganache, que permiten la creación de entornos de prueba simulados y la ejecución de pruebas unitarias.

La depuración de los contratos se realiza para identificar y corregir cualquier error o problema técnico que se haya encontrado durante las pruebas. La depuración puede ser un proceso complejo, pero es crucial para asegurar la calidad y la seguridad de los contratos. Algunas de las herramientas más utilizadas para la depuración de contratos son Remix y Solium.

A continuación, presentamos dos ejemplos, uno simple y otro avanzado, para ilustrar cómo se realizan las pruebas y la depuración de contratos en Solidity.

Ejemplo simple: Supongamos que tenemos un contrato que permite a los usuarios depositar y retirar ethers. Para realizar las pruebas, utilizaremos la herramienta Truffle. Primero, escribimos las pruebas unitarias en un archivo .js. Por ejemplo:

```
contract('MyContract',function(accounts){
it('should allow users to deposit ether',function(){
letcontract=new web3.eth.Contract(MyContract.abi, MyContract.address);
returncontract.methods.deposit().send({
from: accounts[0],
value: web3.utils.toWei('1','ether')
})
.then(function(receipt){
assert.equal(receipt.status,true,'deposit failed');
});
});
it('should allow users to withdraw ether',function(){
letcontract=new web3.eth.Contract(MyContract.abi, MyContract.address);
returncontract.methods.withdraw().send({
from: accounts[0],
value: web3.utils.toWei('0.5','ether')
})
.then(function(receipt){
assert
```

4. Desarrollo de Aplicaciones descentralizadas con Ethereum

En el capítulo 4, nos adentraremos en el desarrollo de aplicaciones descentralizadas con Ethereum, la plataforma líder en el desarrollo de aplicaciones descentralizadas y contratos inteligentes. En este capítulo, exploraremos la introducción a Ethereum, su arquitectura y las posibilidades que brinda a los desarrolladores. Luego, aprenderemos cómo crear aplicaciones descentralizadas utilizando Ethereum, desde la creación de contratos inteligentes hasta su integración en aplicaciones más grandes. Además, veremos cómo utilizar oráculos y servicios externos en aplicaciones Ethereum, lo que nos permitirá aprovechar al máximo las posibilidades de la plataforma. Este capítulo es crucial para cualquier desarrollador interesado en crear aplicaciones descentralizadas con Ethereum y llevar su carrera al siguiente nivel.

4.1 Introducción a Ethereum

Bienvenidos al subcapítulo 4.1, donde profundizaremos en la introducción a Ethereum. Ethereum es una plataforma de código abierto que permite la creación de aplicaciones descentralizadas y contratos inteligentes. Es una tecnología revolucionaria que está transformando la forma en que hacemos negocios y interactuamos en el mundo digital.

En esta sección, exploraremos los conceptos básicos de Ethereum, incluyendo su historia, arquitectura y características clave. Además, veremos cómo Ethereum se diferencia de otras tecnologías blockchain y cómo se utiliza en la actualidad.

Comencemos con la historia de Ethereum. Ethereum fue fundado en 2014 por Vitalik Buterin, un joven programador ruso-canadiense. Su objetivo era crear una plataforma blockchain que fuera más flexible y programable que Bitcoin, la primera criptomoneda. Ethereum ha crecido desde entonces para convertirse en una de las plataformas blockchain más populares y ampliamente utilizadas del mundo.

La arquitectura de Ethereum se basa en la tecnología blockchain y utiliza un sistema descentralizado para mantener un registro inmutable y seguro de todas las transacciones. Además, Ethereum permite la creación de contratos inteligentes, que son programas que se ejecutan automáticamente cuando se cumplen ciertas condiciones.

Las características clave de Ethereum incluyen su capacidad para crear aplicaciones descentralizadas, la flexibilidad para crear contratos inteligentes, y su sistema de tokens, que permite la creación de criptomonedas y otros activos digitales. Ethereum también permite la creación de aplicaciones descentralizadas en una amplia gama de industrias, incluyendo finanzas, bienes raíces, identidad digital y más.

A continuación, presentamos dos ejemplos que ilustran la versatilidad y la potencia de Ethereum. El primero es un ejemplo simple: un contrato inteligente que permite a los usuarios transferir ether, la moneda nativa de Ethereum, de una dirección a otra.

```
pragmasolidity^0.7.0;

contract SimpleTransfer {
function transfer(addresspayable _to,uint256 _value)public{
require(_to !=address(0));
require(_value <=address(this).balance);
_to.transfer(_value);
}
}
```

El segundo ejemplo es más avanzado y muestra cómo se puede crear una aplicación descentralizada que utiliza un contrato inteligente para rastrear el seguimiento de los productos a lo largo de la cadena de suministro.

4.2 Creación de aplicaciones descentralizadas con Ethereum

El mundo de la tecnología blockchain está evolucionando rápidamente, y Ethereum es una de las plataformas más avanzadas y utilizadas en la creación de aplicaciones descentralizadas. Ethereum permite a los desarrolladores crear aplicaciones que utilizan contratos inteligentes para llevar a cabo tareas automatizadas y almacenar información de manera segura en la cadena de bloques.

En este subcapítulo, exploraremos cómo crear aplicaciones descentralizadas con Ethereum. Primero, cubriremos los conceptos básicos de Ethereum, incluyendo su arquitectura, tecnología y características. Luego, profundizaremos en cómo utilizar Ethereum para crear aplicaciones descentralizadas, incluyendo la integración de contratos inteligentes y la conexión a servicios externos.

Un ejemplo simple de aplicación descentralizada con Ethereum sería un sistema de votación en línea. Los votantes pueden enviar sus votos a través de un contrato inteligente, y los resultados se almacenan de forma segura en la cadena de bloques. Un ejemplo avanzado sería un sistema de intercambio de activos en línea, donde los usuarios pueden comprar y vender activos a través de un contrato inteligente, sin la necesidad de un intermediario central.

El desarrollo de aplicaciones descentralizadas con Ethereum es una habilidad altamente valorada en la industria, y puede abrir puertas a nuevas oportunidades para los desarrolladores. Con el conocimiento adquirido en este subcapítulo, estarás en camino a crear aplicaciones innovadoras y revolucionarias en el mundo de la tecnología blockchain.

4.3 Integración de contratos inteligentes en aplicaciones Ethereum

En el mundo del desarrollo de aplicaciones descentralizadas, la integración de contratos inteligentes es un componente crucial para lograr una funcionalidad óptima y segura. Los contratos inteligentes son una pieza de código autónoma que se ejecutan en la blockchain de Ethereum, y que pueden interactuar con otros contratos y con aplicaciones externas. La integración de estos contratos en una aplicación Ethereum permite la creación de soluciones descentralizadas complejas y robustas.

Un ejemplo sencillo de integración de contratos inteligentes en una aplicación Ethereum es una plataforma de subastas. En este caso, el contrato inteligente se encarga de gestionar las ofertas y la finalización de la subasta, mientras que la aplicación Ethereum proporciona una interfaz gráfica para que los usuarios puedan participar en la subasta. La integración de estos contratos garantiza la transparencia y la inmutabilidad de los resultados de la subasta, ya que todas las operaciones se registran en la blockchain.

Por otro lado, un ejemplo avanzado de integración de contratos inteligentes en una aplicación Ethereum es una plataforma de trading de activos digitales. En este caso, los contratos inteligentes se encargan de la gestión de la negociación y la liquidez de los activos, mientras que la aplicación Ethereum proporciona una interfaz gráfica para que los usuarios puedan realizar operaciones de compra y venta. La integración de estos contratos permite una gestión automatizada y segura de las transacciones, lo que garantiza una experiencia de trading fluida y eficiente para los usuarios.

A continuación, presentamos un fragmento de código que ilustra la integración de un contrato inteligente en una aplicación Ethereum. Este ejemplo muestra cómo se puede utilizar el contrato inteligente para almacenar y recuperar información en la blockchain.

```
pragmasolidity^0.8.0;

contract DataStorage {
uint256 data;

function setData(uint256 _data)public{
data = _data;
}

function getData()publicviewreturns(uint256){
return data;
}
}

contract App {
DataStorage dataStorage;

constructor(address _dataStorageAddress)public{
dataStorage = DataStorage(_dataStorageAddress);
}

function setData(uint256 _data)public{
dataStorage.setData(_data);
}

function getData()publicviewreturns(uint256){
return dataStorage.getData();
}
}
```

4.4 Uso de Oráculos y servicios externos en aplicaciones Ethereum

En este subcapítulo abordaremos el uso de Oráculos y servicios externos en aplicaciones Ethereum, dos elementos clave en la creación de aplicaciones descentralizadas con un alto nivel de funcionalidad y eficiencia.

Un oráculo es un intermediario que proporciona información a los contratos inteligentes en Ethereum. Los contratos inteligentes son autónomos y no pueden acceder a la información externa por sí solos, por lo que es necesario utilizar oráculos para obtener datos de fuentes externas, como el precio de un activo o el resultado de un evento deportivo.

Los servicios externos son otras aplicaciones o servicios que se integran con las aplicaciones Ethereum para agregar nuevas funcionalidades. Por ejemplo, un servicio de autenticación puede permitir a los usuarios iniciar sesión en una aplicación descentralizada utilizando una cuenta de Google o Facebook.

El uso combinado de oráculos y servicios externos permite que las aplicaciones descentralizadas se integren con una amplia gama de servicios externos y reciban información actualizada en tiempo real, lo que las hace mucho más útiles y eficaces para los usuarios finales.

Un ejemplo simple de uso de oráculos en aplicaciones Ethereum sería un contrato inteligente que reciba información sobre el precio de un activo específico en tiempo real. Un ejemplo más avanzado podría ser una aplicación descentralizada que utilice oráculos para obtener información sobre el resultado de un evento deportivo y luego utilice esa información para actualizar automáticamente los resultados de apuestas deportivas en tiempo real.

A continuación se muestra un ejemplo simple de código para un oráculo en Solidity que proporciona información sobre el precio de un activo:

```solidity
pragmasolidity^0.8.0;

contract PriceOracle {
function getPrice()externalviewreturns(uint256){
return10;
}
}
```

En este ejemplo, el contrato inteligente **PriceOracle** tiene una función **getPrice** que proporciona información sobre el precio de un activo. En este caso, el precio se establece en 10.

Un ejemplo más avanzado de integración de oráculos y servicios externos en aplicaciones Ethereum podría ser una aplicación descentralizada que utilice oráculos para obtener información sobre el clima en tiempo real y luego utilice esa información para actualizar automáticamente el tiempo.

5. Seguridad en Blockchain y Smart Contracts

En este capítulo, exploraremos el importante tema de la seguridad en blockchain y contratos inteligentes. En un mundo donde la tecnología está evolucionando a un ritmo rápido, es fundamental entender las amenazas y vulnerabilidades en blockchain y cómo proteger nuestros activos digitales. Desde técnicas de seguridad para contratos inteligentes hasta prácticas recomendadas para el desarrollo de contratos seguros, este capítulo cubre todo lo que necesitas saber para desarrollar aplicaciones descentralizadas seguras y confiables. Además, aprenderemos cómo llevar a cabo un análisis de seguridad y auditoría de contratos para garantizar que nuestras aplicaciones estén protegidas contra posibles ataques. ¡Prepárate para adquirir conocimientos valiosos y habilidades que te permitirán desarrollar aplicaciones blockchain seguras y confiables!

5.1 Amenazas y vulnerabilidades en Blockchain

El mundo de las tecnologías blockchain y los contratos inteligentes es un espacio en constante evolución y crecimiento, y a medida que se desarrolla, es importante considerar y entender las amenazas y vulnerabilidades que pueden afectar la seguridad de la tecnología. La seguridad en blockchain y contratos inteligentes es esencial, ya que se trata de sistemas que manejan grandes cantidades de información confidencial y de valor, y cualquier brecha de seguridad puede tener graves consecuencias.

Entre las amenazas más comunes en blockchain se encuentran los ataques de modificación de datos, los ataques de 51% y los ataques de doble gasto. Los ataques de modificación de datos implican la manipulación de la información almacenada en la blockchain, mientras que los ataques de 51% implican la conquista de la mayoría de los nodos de la red por parte de un atacante. Los ataques de doble gasto consisten en la utilización de la misma criptomoneda para realizar dos transacciones al mismo tiempo.

Además de las amenazas en el nivel de la red, también existen vulnerabilidades en los contratos inteligentes en sí mismos. La programación defectuosa, la falta de validación adecuada de entradas y la falta de protección contra ataques de sobrecarga son algunos de los problemas más comunes en los contratos inteligentes.

Un ejemplo simple de vulnerabilidad en un contrato inteligente es una falla en la validación de entrada, como permitir que un usuario ingrese una cantidad negativa de fondos en un contrato de compra-venta. Por otro lado, un ejemplo avanzado sería un ataque de sobrecarga en un contrato de subastas, donde un atacante envía una cantidad masiva de transacciones a una velocidad muy rápida para superar la capacidad del contrato y causar un fallo en el sistema.

En resumen, es importante tener en cuenta las amenazas y vulnerabilidades en el mundo de blockchain y contratos inteligentes y tomar medidas para proteger la seguridad de la tecnología. Es esencial para el éxito y la adopción a largo plazo de estas tecnologías, y para garantizar la confianza de los usuarios en su uso.

5.2 Técnicas de seguridad para contratos inteligentes

En la era de la tecnología blockchain, la seguridad es esencial para garantizar la integridad y confiabilidad de los contratos inteligentes y las aplicaciones descentralizadas. La inclusión de contratos inteligentes en las aplicaciones blockchain aumenta significativamente la complejidad de la seguridad y requiere técnicas y prácticas especializadas para garantizar la seguridad de los contratos y los datos almacenados en la cadena de bloques.

Hay una serie de técnicas y herramientas que los desarrolladores pueden utilizar para garantizar la seguridad de los contratos inteligentes en blockchain. Algunas de las técnicas más comunes incluyen la verificación formal de contratos, la auditoría de seguridad, la codificación segura y la implementación de medidas de seguridad en la infraestructura de la aplicación.

Un ejemplo simple de técnica de seguridad para contratos inteligentes es la validación de los límites y los permisos de acceso. Por ejemplo, un contrato inteligente puede ser programado para restringir el acceso solo a las partes autorizadas, evitando así que terceros no autorizados puedan acceder o manipular los datos.

Por otro lado, un ejemplo avanzado sería la implementación de tecnologías de cifrado y autenticación de múltiples factores para garantizar la seguridad de los contratos y los datos en la cadena de bloques. Por ejemplo, la utilización de tecnologías de autenticación de múltiples factores, como contraseñas y tokens de seguridad, puede ayudar a prevenir la manipulación o el acceso no autorizado a los contratos y los datos.

En resumen, la seguridad es un componente crítico de los contratos inteligentes en blockchain y requiere la aplicación de técnicas y prácticas especializadas para garantizar la integridad y confiabilidad de los contratos y los datos en la cadena de bloques. A medida que la tecnología blockchain continúa evolucionando, es importante seguir explorando y mejorando las técnicas de seguridad para garantizar la seguridad de los contratos inteligentes en el futuro.

5.3 Prácticas recomendadas para desarrollar contratos seguros

Desarrollar contratos inteligentes seguros es una tarea crucial en la industria blockchain. La seguridad en estos contratos es fundamental, ya que cualquier vulnerabilidad o error en su diseño puede tener consecuencias graves, como la pérdida de fondos o la manipulación de la información. Por esta razón, es fundamental conocer y seguir prácticas recomendadas para asegurar la seguridad de los contratos inteligentes.

A continuación, se presentan algunas de las prácticas recomendadas para desarrollar contratos seguros:

1. Realizar pruebas exhaustivas antes del lanzamiento: Antes de lanzar un contrato inteligente, es importante realizar pruebas exhaustivas para identificar y corregir cualquier posible error o vulnerabilidad.

2. Utilizar bibliotecas seguras: Las bibliotecas seguras proporcionan funciones comunes y sehan verificado para detectar errores y vulnerabilidades.

3. Evitar la sobreescritura de variables: La sobreescritura de variables puede ser una fuente de errores y vulnerabilidades, por lo que es importante evitarla.

4. Controlar los límites de gas: Los límites de gas son una medida de la cantidad de energía necesaria para ejecutar un contrato inteligente. Es importante establecer límites adecuados para evitar ataques de consumo de gas.

5. Realizar un análisis de seguridad exhaustivo: Es recomendable realizar un análisis de seguridad exhaustivo para identificar cualquier posible vulnerabilidad o error en el diseño del contrato inteligente.

Ejemplo simple: Un ejemplo de una práctica recomendada para desarrollar contratos seguros es el uso de bibliotecas seguras. En Solidity, por ejemplo, existen bibliotecas como OpenZeppelin que ofrecen funciones comunes y se han verificado para detectar errores y vulnerabilidades.

Ejemplo avanzado: Un ejemplo avanzado de práctica recomendada para desarrollar contratos seguros es el uso de técnicas de programación defensiva. Por ejemplo, se puede implementar un sistema de excepciones para manejar errores y evitar vulnerabilidades. En Solidity, se puede hacer lo siguiente:

```
pragmasolidity>=0.6.0<0.7.0;

contract SafeMath {
function safeAdd(uint256 a,uint256 b)publicpurereturns(uint256){
require(b <= a + b,"Error: Overflow");
return a + b;
}

function safeSub(uint256 a,uint256 b)
```

5.4 Análisis de seguridad y auditoría de contratos

En el mundo de los contratos inteligentes en blockchain, la seguridad es fundamental. Por eso, el análisis de seguridad y la auditoría de contratos son procesos críticos para garantizar la integridad y la fiabilidad de las aplicaciones en la cadena de bloques. Estos procesos implican una evaluación exhaustiva de los contratos y una revisión de su código en busca de vulnerabilidades y amenazas potenciales.

La auditoría de seguridad es una tarea compleja que requiere un alto nivel de conocimiento técnico y habilidad para detectar posibles debilidades en el código. Además, el análisis de seguridad debe ser realizado por profesionales independientes que tengan una amplia experiencia en este campo.

Una buena práctica es utilizar herramientas y programas especializados que ayuden a identificar posibles problemas de seguridad en los contratos. Estas herramientas, junto con la experiencia y habilidad de los profesionales, garantizan que el análisis de seguridad sea exhaustivo y riguroso.

Como ejemplo simple, podemos considerar la herramienta Mythril, que se utiliza para identificar posibles vulnerabilidades en los contratos inteligentes en Ethereum. Una vez que se ejecuta Mythril en el contrato, este genera un informe detallado que incluye información sobre las posibles vulnerabilidades y cómo corregirlas.

Por otro lado, un ejemplo avanzado podría ser el uso de herramientas de inteligencia artificial para llevar a cabo el análisis de seguridad. Un ejemplo de esto es la herramienta Securify, que utiliza técnicas de aprendizaje automático y análisis de datos para identificar posibles problemas de seguridad en los contratos. Esta herramienta es altamente efectiva y puede identificar vulnerabilidades que de otra forma podrían pasar desapercibidas.

En conclusión, el análisis de seguridad y la auditoría de contratos son procesos críticos que deben ser llevados a cabo con diligencia y rigor para garantizar la seguridad de las aplicaciones en blockchain. Con la ayuda de herramientas especializadas y la experiencia de profesionales capacitados, podemos asegurarnos de que los contratos inteligentes sean seguros y confiables.

6. Interacción con Blockchain a través de API y aplicaciones web

En el capítulo 6, vamos a explorar cómo interactuar con la tecnología blockchain a través de API y aplicaciones web. Aprenderás cómo integrar tus aplicaciones con la blockchain, cómo crear API para acceder a la blockchain, cómo desarrollar aplicaciones web utilizando tecnologías blockchain y cómo integrar soluciones blockchain en aplicaciones web existentes.

Esta sección es importante para entender cómo la tecnología blockchain puede ser utilizada en la vida cotidiana, a través de aplicaciones y servicios en línea. Al finalizar este capítulo, tendrás una comprensión clara de cómo la blockchain puede ser utilizada en combinación con aplicaciones web para mejorar la seguridad, la transparencia y la eficiencia en diferentes industrias. ¡Estás a punto de descubrir cómo la tecnología blockchain puede revolucionar el mundo digital!

6.1 Integración de aplicaciones con la blockchain

En el mundo de la tecnología blockchain, la integración de aplicaciones con la blockchain es un tema esencial y fundamental. La capacidad de combinar la tecnología blockchain con aplicaciones existentes y crear soluciones innovadoras es un aspecto crítico para impulsar la adopción de la tecnología en diferentes industrias. La integración de aplicaciones con la blockchain permite a las empresas aprovechar todas las ventajas de la tecnología, como la transparencia, la inmutabilidad y la descentralización, para mejorar sus procesos y servicios.

La integración de aplicaciones con la blockchain se logra a través de la utilización de interfaces de programación de aplicaciones (API) que permiten a las aplicaciones interactuar con la blockchain de forma segura y eficiente. Las API son un medio para acceder a los datos y servicios ofrecidos por la blockchain y utilizarlos en una aplicación externa.

Un ejemplo sencillo de integración de aplicaciones con la blockchain es la utilización de una API de billetera digital para transferir fondos desde una aplicación de pagos. Un ejemplo más avanzado es la integración de la blockchain en un sistema de votación en línea para garantizar la transparencia y la seguridad del proceso de votación.

En resumen, la integración de aplicaciones con la blockchain es un paso crucial para aprovechar todo el potencial de la tecnología y crear soluciones innovadoras en una amplia gama de industrias. Los desarrolladores y las empresas deben estar familiarizados con las técnicas y los procesos para integrar aplicaciones con la blockchain para aprovechar todas las oportunidades que ofrece.

6.2 Creación de API para acceder a la blockchain

En el mundo de la tecnología blockchain, crear una API es fundamental para brindar acceso a la información que se encuentra en la red. Las API, o Interfaces de Programación de Aplicaciones, permiten que los desarrolladores puedan interactuar con la blockchain de una manera más sencilla y eficiente, al mismo tiempo que les brinda la oportunidad de crear aplicaciones innovadoras y con un alto grado de personalización.

La creación de API para acceder a la blockchain es un proceso clave para el éxito de cualquier proyecto en este ámbito, ya que permite que los usuarios puedan interactuar con la blockchain sin tener que tener un conocimiento profundo en tecnología. Al tener una API accesible y fácil de usar, los desarrolladores pueden centrarse en la creación de aplicaciones que resuelvan problemas reales y brinden soluciones innovadoras.

A continuación, presentamos dos ejemplos que ilustran la importancia y la facilidad de crear API para acceder a la blockchain:

Ejemplo 1 (sencillo): Consideremos una aplicación que permita a los usuarios comprar y vender tokens de criptomoneda. La creación de una API para acceder a la blockchain permitirá que la aplicación pueda realizar transacciones de forma segura y verificar la existencia de los tokens en la red. Además, la API permitirá que la aplicación pueda acceder a la información necesaria para realizar un seguimiento de las transacciones y asegurarse de que se cumpla con todas las regulaciones relevantes.

Ejemplo 2 (avanzado): Consideremos una aplicación de seguimiento de la cadena de suministro que utiliza la tecnología blockchain. La creación de una API permitirá que la aplicación acceda a la información necesaria sobre los productos que se encuentran en la cadena de suministro. La API también permitirá que la aplicación realice verificaciones y transacciones de forma segura en la blockchain, lo que garantizará que la información sea precisa y confiable. Además, la API permitirá a la aplicación realizar un seguimiento de los productos a lo largo de la cadena de suministro y brindará información importante sobre la autenticidad y la calidad de los productos.

En conclusión, la creación de API para acceder a la blockchain es un proceso crítico para el éxito de cualquier proyecto en este ámbito.

6.3 Desarrollo de aplicaciones web con tecnologías blockchain

En este subcapítulo, exploraremos cómo desarrollar aplicaciones web utilizando tecnologías blockchain. Esta sección es esencial para aquellos interesados en crear aplicaciones descentralizadas y que sean resistentes a la manipulación. Al utilizar la tecnología blockchain en aplicaciones web, se garantiza una mayor transparencia, seguridad y eficiencia en la gestión de datos.

Para desarrollar aplicaciones web con tecnologías blockchain, es necesario tener conocimientos en programación y en tecnologías blockchain. Algunos de los lenguajes de programación más utilizados son Javascript, Python y Solidity.

Un ejemplo simple de aplicación web con tecnología blockchain es una aplicación que permite a los usuarios hacer transferencias de criptomonedas de una forma segura y rápida. La aplicación utiliza la tecnología blockchain para garantizar la integridad y transparencia de la transacción.

Otro Ejemplo simple: Supongamos que se desea crear una aplicación web para el registro y seguimiento de la producción de alimentos orgánicos. La aplicación permitirá a los consumidores verificar la autenticidad y la trazabilidad de los alimentos orgánicos que adquieren. La aplicación se integrará con la blockchain para registrar y verificar todas las transacciones relacionadas con la producción y el seguimiento de los alimentos orgánicos.

Un ejemplo avanzado sería una aplicación web que utiliza tecnologías blockchain para la gestión de identidades digitales. La aplicación permite a los usuarios crear y almacenar sus identidades digitales de forma segura y descentralizada en la blockchain. Además, permite a los usuarios controlar quién tiene acceso a sus datos personales y cómo se utilizan.

Otro Ejemplo avanzado: Supongamos que se desea crear una aplicación web para una bolsa de valores descentralizada. La aplicación permitirá a los usuarios negociar y transferir acciones y otros valores digitales de forma segura y eficiente. La aplicación se integrará con la blockchain para registrar y verificar todas las transacciones y garantizar la privacidad y la seguridad de los datos de los usuarios.

En resumen, desarrollar aplicaciones web con tecnologías blockchain es una forma de crear soluciones más seguras, eficientes y resistentes a la manipulación. Con el conocimiento adecuado en programación y tecnologías blockchain, es posible crear aplicaciones web que utilicen al máximo las capacidades de la blockchain. ¡Prepárate para explorar los límites de lo que es posible con aplicaciones web y tecnologías blockchain!

6.4 Integración de soluciones blockchain en aplicaciones web existentes

En este último subcapítulo de la sección de interacción con blockchain a través de API y aplicaciones web, exploraremos cómo integrar soluciones blockchain en aplicaciones web existentes. La combinación de la eficiencia y seguridad de la tecnología blockchain con las funciones y características de las aplicaciones web es un paso importante en la adopción generalizada de la tecnología blockchain.

La integración de soluciones blockchain en aplicaciones web existentes se puede lograr mediante la creación de APIs específicas para acceder a la blockchain y la utilización de las tecnologías blockchain en el desarrollo de aplicaciones web. Esto permitirá a las aplicaciones web existentes utilizar los beneficubrimientos y soluciones tecnológicas de la blockchain en su funcionamiento diario.

Un ejemplo simple de integración de soluciones blockchain en aplicaciones web existentes es la implementación de un sistema de pagos basado en blockchain en una plataforma de comercio electrónico. Este sistema permitiría a los usuarios realizar pagos de manera segura y eficiente a través de la plataforma, mejorando la experiencia del usuario y aumentando la confianza en la plataforma.

Un ejemplo avanzado de integración de soluciones blockchain en aplicaciones web existentes es la creación de un sistema de identificación basado en blockchain para una plataforma social. Este sistema permitiría a los usuarios verificar y autenticar su identidad de manera segura y eficiente a través de la plataforma, mejorando la privacidad y seguridad de la información del usuario.

En conclusión, la integración de soluciones blockchain en aplicaciones web existentes es una oportunidad para combinar la eficiencia y seguridad de la tecnología blockchain con las funciones y características de las aplicaciones web existentes. Este proceso mejorará la experiencia del usuario y aumentará la confianza en la tecnología blockchain. ¡No te pierdas esta oportunidad de ampliar tus conocimientos y habilidades en esta área emocionante y en constante evolución!

7. Desarrollo de aplicaciones de comercio electrónico en Blockchain

El capítulo 7 se centra en el desarrollo de aplicaciones de comercio electrónico en la tecnología blockchain. En este subcapítulo, exploraremos los conceptos básicos sobre las aplicaciones de comercio electrónico en blockchain, aprenderemos sobre el desarrollo de plataformas de compra y venta con contratos inteligentes, la integración de soluciones de pago en aplicaciones de comercio electrónico y analizaremos casos de uso y tendencias en el comercio electrónico blockchain. Este capítulo es fundamental para aquellos interesados en el desarrollo de soluciones de comercio electrónico sólidas y seguras que aprovechen la inmutable y transparente tecnología blockchain. Si estás listo para entrar en el mundo del comercio electrónico blockchain, este es el capítulo perfecto para comenzar.

7.1 Introducción a las aplicaciones de comercio electrónico en Blockchain

El comercio electrónico ha experimentado una revolución en las últimas décadas, gracias a la aparición de nuevas tecnologías que han permitido a los usuarios comprar y vender productos y servicios de forma rápida, sencilla y segura. Sin embargo, todavía existen algunos problemas que pueden disuadir a los compradores, como la falta de transparencia en la cadena de suministro, la centralización de datos y la falta de confianza en las transacciones financieras. Aquí es donde entra en juego el blockchain, que puede ser la solución perfecta para estos problemas.

El blockchain es una tecnología descentralizada que permite la creación de un registro compartido de transacciones, lo que significa que no hay una sola entidad que controle los datos. Además, el blockchain es seguro, transparente y permite realizar transacciones financieras sin intermediarios. Estas características lo hacen perfecto para el desarrollo de aplicaciones de comercio electrónico.

En este subcapítulo, exploraremos las aplicaciones de comercio electrónico en blockchain y cómo pueden revolucionar el mercado. Desde plataformas de compra y venta hasta soluciones de pago, veremos cómo el blockchain puede aportar seguridad, transparencia y confianza a las transacciones.

Ejemplo simple: Una plataforma de compra y venta de productos orgánicos, donde los compradores pueden verificar la cadena de suministro y la calidad de los productos a través de un registro en blockchain.

Ejemplo avanzado: Una plataforma de comercio electrónico que utiliza contratos inteligentes para realizar transacciones automatizadas y seguras. Por ejemplo, cuando un comprador compra un producto, el contrato inteligente realiza automáticamente el pago y envía el producto al comprador, sin la necesidad de intermediarios.

En resumen, las aplicaciones de comercio electrónico en blockchain ofrecen una nueva forma de hacer negocios en línea, con más seguridad, transparencia y confianza. En el próximo subcapítulo, veremos en detalle cómo desarrollar plataformas de compra y venta con contratos inteligentes.

7.2 Desarrollo de plataformas de compra y venta con contratos inteligentes

El desarrollo de plataformas de compra y venta con contratos inteligentes es una de las aplicaciones más revolucionarias y transformadoras de la tecnología blockchain. Estos contratos permiten que la transacción se lleve a cabo de forma automática, segura y sin intermediarios. En lugar de depender de un tercero confiable para verificar y ejecutar una transacción, los contratos inteligentes pueden hacerlo por sí mismos.

Un ejemplo sencillo de un contrato inteligente sería un acuerdo automatizado para la venta de un producto a un precio específico. Una vez que se cumple con la condición especificada en el contrato, la transacción se lleva a cabo automáticamente y se registra en la blockchain. Esto no solo ahorra tiempo y recursos, sino que también elimina la posibilidad de cualquier tipo de manipulación o fraude por parte de intermediarios.

Un ejemplo más avanzado de contrato inteligente sería un sistema de subastas descentralizado. En lugar de depender de un sitio web centralizado para llevar a cabo subastas, los contratos inteligentes permiten que se lleve a cabo una subasta en la blockchain. Los participantes pueden hacer ofertas y las transacciones se registran automáticamente en la blockchain, lo que garantiza la transparencia y la seguridad de la subasta.

Un ejemplo más avanzado de contrato inteligente sería un sistema de subastas descentralizado. En lugar de depender de un sitio web centralizado para llevar a cabo subastas, los contratos inteligentes permiten que se lleve a cabo una subasta en la blockchain. Los participantes pueden hacer ofertas y las transacciones se registran automáticamente en la blockchain, lo que garantiza la transparencia y la seguridad de la subasta.

A continuación, se presenta un ejemplo de código de contrato inteligente en Solidity, un lenguaje de programación para la creación de contratos inteligentes en la blockchain Ethereum:

```solidity
pragmasolidity^0.8.0;

contract SimpleAuction {
addresspublic seller;
addresspublic highestBidder;
uintpublic highestBid;

event NewBid(address bidder,uint bid);

constructor(uint biddingTime)public{
seller =msg.sender;
}

function bid(uint bid)publicpayable{
require(bid > highestBid,"The bid must be higher than the previous bid");
require(msg.value == bid,"The bid amount must match the value being sent");

highestBidder =msg.sender;
highestBid = bid;

emit NewBid(msg.sender, bid);
}

function awardToHighestBidder()public{
require(address(this).balance >= highestBid,"The contract does not have enough
funds to award the highest bidder");
require(now >= biddingTime,"The bidding time has not yet ended");

highestBidder.transfer(highestBid);
emit NewBid(highestBidder, highestBid);
}
}
```

7.3 Integración de soluciones de pago en aplicaciones de comercio electrónico.

En el mundo del comercio electrónico, la integración de soluciones de pago es fundamental para lograr una experiencia de compra fluida y segura para los usuarios. En este subcapítulo, abordaremos cómo las aplicaciones de comercio electrónico en blockchain pueden integrar soluciones de pago de manera efectiva para mejorar la experiencia del usuario.

Las soluciones de pago en blockchain son una forma innovadora y segura de realizar transacciones en línea. Al utilizar tecnología blockchain, se asegura que la información y los datos sensibles estén protegidos y se evita el fraude y la manipulación de datos.

Además, las soluciones de pago en blockchain ofrecen una experiencia de usuario más rápida y conveniente, lo que puede aumentar la lealtad y la satisfacción de los clientes.

Para integrar soluciones de pago en aplicaciones de comercio electrónico, se deben considerar varios factores, como la compatibilidad con diferentes criptomonedas, la capacidad de procesamiento de transacciones, la seguridad y la facilidad de uso. Las aplicaciones de comercio electrónico deben evaluar cuidadosamente las diferentes opciones de soluciones de pago disponibles y elegir la que mejor se adapte a sus necesidades y objetivos.

Ejemplo simple:

maginemos una tienda en línea que vende productos deportivos y desea integrar una solución de pago en blockchain para mejorar la experiencia de compra de sus clientes. La tienda elige una solución de pago en blockchain que es compatible con criptomonedas como Bitcoin y Ethereum, y que ofrece un procesamiento rápido y seguro de transacciones. La tienda implementa la solución de pago en su sitio web y los clientes pueden elegir entre varios métodos de pago, incluyendo criptomonedas.

Ejemplo avanzado:

Imaginemos una plataforma de comercio electrónico que permite a los usuarios comprar y vender productos y servicios utilizando criptomonedas. La plataforma utiliza contratos inteligentes en blockchain para garantizar la transparencia y la seguridad de las transacciones. Los usuarios pueden elegir entre varias criptomonedas, incluyendo Bitcoin, Ethereum y varias stablecoins, y la plataforma garantiza que las transacciones se procesen de forma rápida y segura.

En el siguiente código, se muestra un ejemplo de cómo un contrato inteligente en Ethereum puede ser utilizado para realizar transaccionesde forma segura y confiable en una plataforma de comercio electrónico basada en blockchain.

```solidity
pragmasolidity^0.8.0;

contract Payment {
uint256public payment;

function pay(uint256 _payment)public{
payment = _payment;
}

function getPayment()publicviewreturns(uint256){
return payment;
}
}
```

Este es un ejemplo simple de cómo se puede integrar una solución de pago en una plataforma de comercio electrónico utilizando un contrato inteligente en Ethereum. En este ejemplo, se crea un contrato llamado **Payment** que permite realizar pagos y almacenar el valor de la transacción en una variable pública llamada **payment**. La función **pay** permite registrar un pago y la función **getPayment** permite ver el valor del pago registrado.

Un ejemplo avanzado sería la integración de una solución de pago utilizando el protocolo de micropagos de Lightning Network en una plataforma de comercio electrónico basada en blockchain. Esta solución permite realizar transacciones de forma rápida, eficiente y a bajo costo, lo que es ideal para aplicaciones de comercio electrónico que requieren procesamiento de muchas transacciones pequeñas. A continuación se muestra un ejemplo de código para una integración básica de Lightning Network en una plataforma de comercio electrónico:

```javascript
const lnd =require('lightning-network');

// Connect to the Lightning Network
const client = await lnd.connect();

// Create a new invoice
const invoice = await client.addInvoice({
value:100,
memo:'Payment for product XYZ'
});

// Wait for payment to be received
await client.waitForPayment(invoice.id);

// Payment has been received
console.log('Payment received');
```

En este ejemplo, se utiliza la biblioteca **lightning-network** para conectarse al protocolo Lightning Network y crear un nuevo invoice. Luego, se espera a que se reciba el pago y se imprime un mensaje en consola para indicar que el pago ha sido recibido.

En resumen, la integración de soluciones de pago en aplicaciones de comercio electrónico es crucial para asegurar la eficiencia y la seguridad en la realización de transacciones. Gracias a las soluciones de blockchain, es posible integrar soluciones de pago de forma fácil y eficiente, lo que permite a los desarrolladores crear plataformas de comercio electrónico de alta calidad y capacidad.

7.4 Análisis de casos de uso y tendencias en el comercio electrónico blockchain

El capítulo 7.4 se centra en el análisis de casos de uso y tendencias en el comercio electrónico blockchain. Con la popularización de las tecnologías blockchain y su capacidad para proporcionar transacciones seguras y transparentes, el comercio electrónico está experimentando una transformación importante.

Las aplicaciones de comercio electrónico en blockchain ofrecen una amplia variedad de oportunidades para mejorar los procesos de compra y venta en línea, desde la eliminación de intermediarios hasta la gestión más eficiente de las transacciones. Además, los contratos inteligentes pueden utilizarse para automatizar ciertos aspectos del proceso de compra y venta, lo que reduce el riesgo de fraude y aumenta la transparencia.

En el ámbito del comercio electrónico, algunas de las tendencias más relevantes incluyen el uso de criptomonedas como medio de pago, la adopción de soluciones de pago basadas en blockchain y la utilización de sistemas de identidad descentralizados. Estos desarrollos están permitiendo una mayor integración de las tecnologías blockchain en la economía digital, y están impulsando la creación de nuevos modelos de negocio y nuevas formas de hacer transacciones en línea.

Un ejemplo simple de un caso de uso en el comercio electrónico blockchain es la plataforma OpenBazaar, que utiliza la tecnología blockchain para permitir a los usuarios realizar transacciones peer-to-peer sin la necesidad de intermediarios. Por otro lado, un ejemplo más avanzado podría ser la plataforma de comercio electrónico Binance, que utiliza su propia criptomoneda (BNB) para facilitar transacciones más rápidas y seguras en su plataforma.

En conclusión, el análisis de casos de uso y tendencias en el comercio electrónico blockchain es fundamental para comprender cómo las tecnologías blockchain están transformando la forma en que hacemos negocios en línea. Al conocer los desarrollos actuales y las tendencias futuras, los desarrolladores y empresas pueden prepararse para adoptar estas tecnologías y aprovechar al máximo su potencial.

8. Desarrollo de aplicaciones financieras en Blockchain

Bienvenidos al capítulo 8, donde exploraremos el fascinante mundo de las aplicaciones financieras en blockchain. Este capítulo abordará cómo las tecnologías blockchain pueden revolucionar el sector financiero, brindando soluciones más eficientes y seguras para la inversión y el trading. Además, verás cómo se pueden utilizar los oráculos para analizar y monitorear mercados, y cómo implementar sistemas de seguimiento y gestión de activos en blockchain.

El blockchain ha demostrado ser una tecnología muy versátil, y su aplicación en el sector financiero es una de las más prometedoras. Las soluciones de inversión y trading basadas en contratos inteligentes pueden mejorar la transparencia y la seguridad, mientras que los oráculos permiten una mejor toma de decisiones al proporcionar información actualizada y precisa.

En este capítulo, te sumergirás en el desarrollo de soluciones financieras innovadoras, aprenderás a crear contratos inteligentes para inversiones y trading, y verás cómo se pueden integrar oráculos para monitorear mercados en tiempo real. Además, explorarás cómo se pueden implementar sistemas de seguimiento y gestión de activos en blockchain, brindando una mayor transparencia y seguridad a los inversores.

Estamos emocionados de emprender este viaje juntos y descubrir las múltiples posibilidades que brinda el blockchain en el sector financiero. ¡Comencemos!

8.1 Introducción a las aplicaciones financieras en Blockchain

Bienvenidos al fascinante mundo de las aplicaciones financieras en Blockchain. En esta sección, exploraremos cómo esta tecnología está revolucionando el mundo financiero y cómo los desarrolladores pueden aprovechar su potencial para crear soluciones innovadoras y eficientes.

El Blockchain es un registro digital distribuido y seguro que permite realizar transacciones y almacenar información de forma segura y transparente. Esto lo hace ideal para el desarrollo de aplicaciones financieras, ya que brinda una plataforma sólida para la automatización y el seguimiento de transacciones financieras en tiempo real.

Las aplicaciones financieras en Blockchain pueden ser utilizadas para realizar transferencias de fondos, para realizar inversiones y para monitorear los mercados financieros. Además, al utilizar contratos inteligentes, se puede asegurar una gestión automatizada y segura de activos y transacciones.

A continuación, presentamos dos ejemplos de aplicaciones financieras en Blockchain. El primer ejemplo es una solución simple para la transferencia de fondos utilizando Blockchain, mientras que el segundo ejemplo es una solución avanzada para la gestión automatizada de inversiones utilizando contratos inteligentes.

Ejemplo 1: Transferencia de fondos utilizando Blockchain En este ejemplo, se utiliza la tecnología Blockchain para realizar una transferencia de fondos de manera segura y eficiente. La transacción se realiza en tiempo real y la información se almacena de forma segura en la cadena de bloques.

Ejemplo 2: Gestión automatizada de inversiones utilizando contratos inteligentes En este ejemplo, se utiliza un contrato inteligente para automatizar la gestión de inversiones. El contrato inteligente utiliza algoritmos sofisticados para seguir y monitorear los mercados financieros, y tomar decisiones de inversión en nombre del usuario de forma segura y eficiente.Estos son solo dos ejemplos de las muchas formas en que la tecnología Blockchain puede ser utilizada para crear soluciones financieras innovadoras y eficientes. A medida que profundicemos en este subcapítulo, aprenderás más sobre las aplicaciones financieras en Blockchain y cómo puedes aprovecharlas para crear soluciones en el mundo financiero. ¡Prepárate para descubrir un mundo de posibilidades!

8.2 Desarrollo de soluciones de inversión y trading con contratos inteligentes

El desarrollo de soluciones de inversión y trading con contratos inteligentes en el contexto de las aplicaciones financieras en Blockchain es un tema de vital importancia en la actualidad. Estos contratos inteligentes son programas autónomos que se ejecutan en la cadena de bloques y que permiten la automatización de procesos financieros de forma segura y confiable.

La utilización de contratos inteligentes en soluciones de inversión y trading ofrece numerosas ventajas, tales como la transparencia, la eficiencia, la seguridad y la reducción de costos. Además, gracias a la descentralización que ofrece el Blockchain, estas soluciones permiten un acceso más amplio a los mercados financieros, eliminando barreras geográficas y de acceso a la información.

Un ejemplo simple de solución de inversión con contrato inteligente podría ser un fondo de inversión descentralizado, en el cual los inversores pueden enviar fondos a un contrato inteligente que se encarga de gestionar y diversificar su cartera de inversiones en un conjunto de activos.

Por otro lado, un ejemplo más avanzado podría ser un sistema de trading automatizado basado en inteligencia artificial y contratos inteligentes. Este sistema podría utilizar algoritmos de aprendizaje automático para analizar grandes cantidades de datos y tomar decisiones de trading en tiempo real, ejecutando automáticamente las órdenes de compra y venta en el mercado mediante contratos inteligentes.

En conclusión, el desarrollo de soluciones de inversión y trading con contratos inteligentes es una tendencia emergente en el campo de las aplicaciones financieras en Blockchain, y promete revolucionar la forma en que se lleva a cabo la gestión de activos y la toma de decisiones de inversión.

8.3 Análisis y monitoreo de mercados con oráculos

El análisis y monitoreo de mercados con oráculos es una de las aplicaciones más interesantes y prometedoras de la tecnología blockchain en el ámbito financiero. Los oráculos son servicios que permiten la conexión entre los contratos inteligentes y el mundo real, y se encargan de proveer información relevante para la toma de decisiones y el desarrollo de soluciones financieras innovadoras.

La importancia de los oráculos radica en que los contratos inteligentes son autónomos y sólo pueden ejecutarse en base a los datos que se encuentran en su interior. Por tanto, los oráculos se convierten en la puerta de entrada para la información externa, que permiten a los contratos inteligentes adaptarse a las condiciones cambiantes del mercado y realizar transacciones automatizadas de forma segura y eficiente.

Un ejemplo sencillo de uso de oráculos en el monitoreo de mercados financieros es un contrato inteligente que invierte en un fondo indexado de acciones. Este contrato puede utilizar un oráculo para recopilar información sobre el rendimiento de las acciones en tiempo real, y tomar decisiones de inversión automatizadas en función de esta información.

Por otro lado, un ejemplo más avanzado de uso de oráculos en el monitoreo de mercados financieros es un sistema de trading algorítmico que utiliza contratos inteligentes y oráculos para ejecutar operaciones en tiempo real en base a una serie de indicadores técnicos y fundamentales. Este sistema puede analizar grandes cantidades de datos de mercado, identificar patrones y oportunidades de inversión, y realizar transacciones automatizadas en cuestión de milisegundos.

En resumen, los oráculos son una herramienta clave para el desarrollo de soluciones financieras en blockchain, que permiten la integración de la tecnología blockchain con el mundo real y la automatización de procesos financieros complejos. En este subcapítulo, exploraremos en detalle cómo funcionan los oráculos y cómo se pueden utilizar para el monitoreo y análisis de mercados financieros.

8.4 Implementación de sistemas de seguimiento y gestión de activos en Blockchain

El desarrollo de sistemas de seguimiento y gestión de activos en Blockchain es una de las aplicaciones más interesantes y prometedoras de la tecnología de la cadena de bloques. La capacidad de la tecnología Blockchain para proporcionar un registro seguro, transparente y descentralizado de transacciones, hace que sea una solución ideal para la gestión de activos.

La implementación de sistemas de seguimiento y gestión de activos en Blockchain permite la rastreabilidad de los activos desde su origen hasta su destino final, lo que es esencial para muchos sectores, como la industria alimentaria, la industria textil y la industria del petróleo y el gas. Además, la tecnología Blockchain también permite la automatización de procesos y la eliminación de intermediarios, lo que reduce los costos y aumenta la eficiencia en la gestión de activos.

Un ejemplo simple de la implementación de sistemas de seguimiento y gestión de activos en Blockchain podría ser la utilización de la tecnología para rastrear y gestionar la propiedad de los activos físicos, como bienes raíces, vehículos y maquinarias. En este caso, los contratos inteligentes podrían ser utilizados para registrar y transferir la propiedad de los activos de manera automática y segura.

Por otro lado, un ejemplo más avanzado sería la implementación de sistemas de seguimiento y gestión de activos en Blockchain para la gestión de activos financieros, como bonos y acciones. En este caso, la tecnología de la cadena de bloques permitiría la automatización de procesos y la eliminación de intermediarios en la gestión de los activos financieros, lo que aumentaría la eficiencia y la transparencia en el mercado.

En resumen, la implementación de sistemas de seguimiento y gestión de activos en Blockchain es una oportunidad para transformar la manera en que se gestionan los activos en diferentes sectores y mejorar la eficiencia, la transparencia y la seguridad en el proceso. Es una tecnología con un gran potencial y, sin duda, una de las más interesantes y prometedoras en la actualidad.

9. Desafíos y oportunidades futuras de Blockchain:

En el mundo digital actual, Blockchain es una tecnología que está revolucionando la forma en que se realizan transacciones, se lleva un registro de la información y se gestiona la confianza. En este capítulo, exploraremos los desafíos y oportunidades futuras de esta tecnología. Desde tendencias y desarrollos recientes hasta desafíos regulativos y legales, pasando por la adopción y uso generalizado de Blockchain. Además, examinaremos las perspectivas futuras de esta tecnología, incluyendo cómo puede influir en diversos sectores y en nuestra vida cotidiana. Este capítulo es fundamental para entender el impacto de Blockchain en el futuro y estar preparados para aprovechar sus oportunidades y superar sus desafíos.

9.1 Tendencias y desarrollos recientes

n el mundo de la tecnología blockchain, las tendencias y desarrollos recientes son un indicador del futuro del mercado. En los últimos años, hemos visto un crecimiento exponencial en la adopción y uso de blockchain en diferentes industrias, y esto no parece estar disminuyendo. Los desarrollos recientes en la tecnología blockchain están revolucionando la forma en que las empresas operan y los individuos interactúan con su dinero y sus activos.

Un ejemplo simple de una tendencia reciente en blockchain es el uso creciente de criptomonedas como Bitcoin y Ethereum. Estas monedas digitales están cambiando la forma en que las personas piensan sobre el dinero y están abriendo nuevas posibilidades para la inversión. Aunque aún existen desafíos en cuanto a la regulación y aceptación general, las criptomonedas están ganando terreno como una forma viable de inversión y almacenamiento de valor.

Por otro lado, un ejemplo avanzado de un desarrollo reciente en blockchain es la implementación de contratos inteligentes en la cadena de suministro. Los contratos inteligentes permiten una automatización completa de los procesos de compra y venta, lo que reduce la necesidad de intermediarios y aumenta la transparencia y la seguridad en la cadena de suministro. Estos contratos inteligentes pueden ser utilizados para rastrear y monitorear los productos a medida que se mueven a través de la cadena de suministro, lo que mejora la eficiencia y reduce el riesgo de fraude.

En resumen, las tendencias y desarrollos recientes en blockchain están demostrando que esta tecnología tiene un potencial enorme para revolucionar diferentes industrias y transformar la forma en que interactuamos con nuestro dinero y nuestros activos. Es emocionante pensar en las posibilidades futuras de blockchain y en cómo esta tecnología continuará evolucionando en los próximos años.

9.2 Desafíos regulativos y legales

El mundo de Blockchain y las criptomonedas ha crecido de manera exponencial en los últimos años, y con ello ha surgido una serie de desafíos regulativos y legales que aún no han sido resueltos. La falta de regulación clara y uniforme en todo el mundo ha llevado a incertidumbre en el mercado y ha frenado la adopción masiva de esta tecnología.

Sin embargo, los desafíos regulativos y legales también presentan oportunidades para aquellos que están dispuestos a enfrentarlos. La creación de leyes y regulaciones claras permitirá a las empresas utilizar esta tecnología de manera segura y efectiva, lo que impulsará su crecimiento y desarrollo.

Un ejemplo sencillo de un desafío regulativo en el mundo de Blockchain es la falta de regulación en torno a la propiedad de activos digitales. Muchos países todavía no han establecido leyes claras que definan la propiedad de los activos digitales y cómo deben ser tratados en caso de divorcio o muerte.

Por otro lado, un desafío más avanzado es la regulación en torno a la privacidad y seguridad de los datos en la tecnología Blockchain. Con el aumento de los ataques cibernéticos y la preocupación por la privacidad de los datos, es crucial que se establezcan regulaciones claras para proteger a los usuarios y garantizar la integridad de la tecnología.

En resumen, aunque los desafíos regulativos y legales presentan obstáculos en el camino hacia una adopción más amplia de la tecnología Blockchain, también ofrecen oportunidades para el crecimiento y el desarrollo de esta tecnología en el futuro. Es crucial que las empresas y los reguladores trabajen juntos para crear leyes y regulaciones claras que permitan un uso seguro y efectivo de esta tecnología revolucionaria.

9.3 Adopción y uso generalizado de Blockchain

En el mundo cambiante de la tecnología, la adopción y el uso generalizado de blockchain es un tema de creciente importancia. La tecnología blockchain ha sido el centro de atención por su capacidad para revolucionar una amplia gama de industrias, desde la banca y las finanzas hasta la logística y la distribución. Sin embargo, a pesar de todas sus promesas y posibilidades, la adopción aún se encuentra en sus etapas iniciales y existen desafíos significativos que deben superarse antes de que se pueda lograr un uso generalizado.

Uno de los principales obstáculos en la adopción de blockchain es la falta de comprensión y conocimiento sobre la tecnología. Muchas personas y organizaciones aún no entienden completamente lo que es blockchain y cómo puede ser utilizado para mejorar sus operaciones. Para superar este desafío, es necesario proporcionar educación y capacitación sobre la tecnología a todos los niveles de la organización, desde los empleados hasta los líderes ejecutivos.

Además, existen desafíos técnicos en la implementación de blockchain que deben ser abordados. Por ejemplo, la escalabilidad es un problema importante en la adopción de blockchain, ya que la tecnología aún no ha sido probada en una escala masiva. Esto significa que aún no se sabe si la tecnología será capaz de manejar una gran cantidad de transacciones y usuarios simultáneamente.

A pesar de estos desafíos, la adopción y el uso generalizado de blockchain están en constante evolución y hay un número creciente de ejemplos de éxito en todo el mundo. Por ejemplo, la banca y las finanzas son una de las industrias que han adoptado con éxito blockchain para mejorar su eficiencia y seguridad. Por otro lado, la logística y la distribución también han utilizado blockchain para mejorar la transparencia y la trazabilidad de sus operaciones.

En resumen, la adopción y el uso generalizado de blockchain representan una oportunidad única para transformar diversas industrias y mejorar la eficiencia y la seguridad en la gestión de datos y transacciones. A medida que la tecnología continúa evolucionando y se superan los desafíos actuales, es probable que veamos un aumento en la adopción de blockchain en una amplia variedad de industrias en el futuro cercano.

Ejemplo básico: Una de las aplicaciones más comunes de blockchain es la criptomoneda. Bitcoin es probablemente la criptomoneda más conocida y ampliamente adoptada, y utiliza una cadena de bloques para registrar y verificar transacciones. Esto permite una mayor transparencia y seguridad, ya que cualquier alteración en los registros se detecta y se descarta de forma automática.

Ejemplo avanzado: Una aplicación avanzada de blockchain es el uso en el sector de la salud para el registro electrónico de historiales médicos. La tecnología blockchain permite un registro seguro y distribuido de información médica, lo que garantiza la privacidad y confidencialidad de los pacientes. Además, la transparencia de la cadena de bloques permite un fácil acceso a la información médica por parte de médicos y profesionales de la salud, lo que puede mejorar significativamente la calidad de atención médica.

9.4 Perspectivas futuras de Blockchain

La tecnología blockchain está en constante evolución y su potencial de impacto en el mundo es enorme. La perspectiva futura de blockchain es muy prometedora, y a medida que se desarrollan nuevas aplicaciones y se mejoran las tecnologías existentes, es probable que veamos una adopción cada vez más amplia en diferentes industrias y sectores.

Uno de los campos donde se espera una gran impacto en el futuro es en la gestión de la cadena de suministro. La utilización de blockchain para rastrear productos y materiales a lo largo de toda la cadena de suministro permitirá a las empresas verificar la autenticidad y la proveniencia de los productos, lo que a su vez mejorará la transparencia y la confianza en la cadena de suministro.

Otro sector que se espera que experimente un impacto significativo es en el ámbito financiero. La utilización de blockchain para mejorar la eficiencia en la gestión de activos y la transacción de monedas digitales es una de las aplicaciones más prometedoras de la tecnología. Además, se espera que el uso de blockchain para el voto electrónico y la votación en línea aumente en el futuro, lo que mejorará la transparencia y la seguridad en los procesos electorales.

Para ilustrar estas perspectivas futuras, aquí hay dos ejemplos:

Ejemplo simple: Imagine un sistema en el que se utiliza blockchain para rastrear la producción de alimentos, desde la siembra hasta la entrega en el supermercado. Cada paso en la cadena de suministro se registra en un bloque de la cadena de bloques, lo que permite a los consumidores verificar la autenticidad y la frescura de los productos.

Ejemplo avanzado: Imagine un sistema de votación en línea que utiliza blockchain para garantizar la seguridad y la transparencia en los procesos electorales. Los votantes podrían votar desde sus dispositivos móviles y las transacciones serían registradas en una cadena de bloques, lo que garantiza la integridad y la privacidad de los votos.

En resumen, la perspectiva futura de blockchain es extremadamente prometedora y está impulsada por la constante evolución de la tecnología. Con su capacidad para mejorar la transparencia, la seguridad y la eficiencia en una amplia gama de industrias y sectores, es probable que veamos una adopción cada vez más amplia en el futuro.

10. Desarrollo Web 3.0:

El capítulo 10 está dedicado al Desarrollo Web 3.0, una evolución en el desarrollo de aplicaciones web que ha sido impulsada por la tecnología blockchain. En este capítulo, exploraremos la introducción al desarrollo Web 3.0, cómo se desarrollan las aplicaciones descentralizadas con tecnología Web 3.0, cómo integrar soluciones blockchain en aplicaciones web tradicionales y las mejores prácticas y consideraciones en el desarrollo Web 3.0.

El desarrollo Web 3.0 es una nueva forma de crear aplicaciones que permiten a los usuarios controlar sus datos y digitales activos, sin tener que confiar en un tercero. Al utilizar tecnología blockchain, las aplicaciones Web 3.0 son más seguras, transparentes y resistentes a la manipulación. Esto ha cambiado la forma en que pensamos en el desarrollo de aplicaciones, permitiéndonos explorar nuevas posibilidades y soluciones innovadoras.

Este capítulo es esencial para cualquier persona interesada en el desarrollo de aplicaciones y en la tecnología blockchain. Aprenderás sobre la última tendencia en desarrollo de aplicaciones y cómo se aplica a la tecnología blockchain, lo que te permitirá aprovechar al máximo las oportunidades que ofrece este campo en constante evolución. ¡Prepárate para adentrarte en el futuro del desarrollo web con el capítulo 10!

10.1   Introducción al desarrollo Web 3.0

El desarrollo web ha experimentado una evolución constante a lo largo de los años, desde el inicio de la web hasta la actualidad. A medida que la tecnología avanza, la web también ha evolucionado y se ha adaptado a las necesidades de la sociedad y de los usuarios. La web 1.0 fue la primera fase de la web, donde la información era simplemente presentada en páginas estáticas, y la web 2.0, donde el contenido era generado y compartido por los usuarios. Ahora, en la era de la web 3.0, estamos presenciando una nueva revolución en la forma en que interactuamos y utilizamos la web.

La introducción al desarrollo web 3.0 es una invitación a explorar un mundo de nuevas posibilidades y oportunidades, donde la tecnología Blockchain juega un papel fundamental. La web 3.0 es una web descentralizada, segura y privada, que permite a los usuarios controlar sus datos y realizar transacciones sin intermediarios. Esta nueva era en el desarrollo web ofrece una amplia gama de aplicaciones y soluciones para mejorar la vida de las personas y transformar la forma en que las empresas operan.

Ejemplo básico: Una aplicación descentralizada de intercambio de archivos, donde los usuarios pueden compartir archivos de manera segura y privada, sin la necesidad de un intermediario.

Ejemplo avanzado: Una aplicación de votación en línea basada en tecnología Blockchain, donde los votantes pueden participar en elecciones y votar de manera segura y transparente. Los resultados de la votación son inmutablemente registrados en la cadena de bloques, lo que garantiza la integridad y transparencia del proceso electoral.

En este primer subcapítulo, vamos a explorar en profundidad la introducción al desarrollo web 3.0 y a las posibilidades que ofrece en cuanto a nuevos modelos de negocios, soluciones de seguridad y privacidad, y nuevas formas de interacción en la web. La tecnología Blockchain es una pieza clave en el desarrollo web 3.0, y en este subcapítulo, aprenderás sobre su papel en la creación de una web más descentralizada, segura y privada. ¡Prepárate para un viaje emocionante hacia el futuro de la web!

10.2   Desarrollo de aplicaciones descentralizadas con tecnología Web 3.0

El desarrollo de aplicaciones descentralizadas con tecnología Web 3.0 es una evolución natural de la industria tecnológica. Con la popularidad creciente de la criptografía y las soluciones Blockchain, es natural que la tecnología se desarrolle en una dirección más descentralizada. En este subcapítulo exploraremos cómo los desarrolladores pueden utilizar tecnologías Web 3.0 para crear aplicaciones descentralizadas que ofrezcan una mayor privacidad, seguridad y control a sus usuarios.

Una aplicación descentralizada es una aplicación en la que la información y los datos no están alojados en un servidor central, sino que están distribuidos en una red descentralizada de nodos. Esto significa que los usuarios tienen el control total de sus datos y que la aplicación no está sujeta a fallos o interrupciones en un servidor central.

El desarrollo de aplicaciones descentralizadas con tecnología Web 3.0 es un proceso más complejo que el desarrollo de aplicaciones tradicionales. Sin embargo, la inversión de tiempo y esfuerzo en este enfoque se recompensa con aplicaciones más seguras, privadas y controladas por los usuarios.

Un ejemplo simple de aplicación descentralizada es una aplicación de mensajería, donde los usuarios pueden enviar y recibir mensajes directamente desde sus dispositivos, sin pasar por un servidor central. Por otro lado, un ejemplo avanzado sería una aplicación de intercambio de criptomonedas descentralizada, donde los usuarios pueden realizar transacciones directamente entre ellos sin la necesidad de un intermediario.

En resumen, el desarrollo de aplicaciones descentralizadas con tecnología Web 3.0 es una evolución importante en la industria tecnológica que ofrece una mayor privacidad, seguridad y control a los usuarios. A medida que la tecnología siga evolucionando, es probable que veamos un aumento en el número de aplicaciones descentralizadas que utilizan tecnologías Web 3.0.

10.3   Integración de soluciones Blockchain en aplicaciones web tradicionales

En el mundo de la tecnología, es común escuchar hablar de la revolución que está teniendo el Blockchain en diferentes industrias. La tecnología blockchain está transformando la forma en que las personas y las empresas ven y utilizan la información y los datos. Ahora, gracias a su capacidad de proporcionar una gran seguridad y transparencia en las transacciones, la tecnología blockchain se está integrando en las aplicaciones web tradicionales, creando una nueva era en el desarrollo de aplicaciones.

El objetivo de esta integración es aprovechar la capacidad de seguridad y transparencia de la tecnología blockchain, para mejorar la funcionalidad de las aplicaciones web tradicionales. Por ejemplo, se puede utilizar la tecnología blockchain para mantener un registro de transacciones inalterable y verificable, o para permitir a los usuarios controlar y proteger sus datos personales.

En este subcapítulo, abordaremos la integración de soluciones blockchain en aplicaciones web tradicionales, exploraremos los conceptos clave y aprenderemos a desarrollar soluciones avanzadas que combinen la tecnología blockchain con aplicaciones web.

Ejemplo Simple

Supongamos que se tiene una aplicación web que permite a los usuarios comprar productos en línea. La aplicación mantiene un registro de las transacciones realizadas, pero no ofrece ninguna garantía de seguridad o transparencia en las mismas. Para mejorar esta situación, se puede integrar una solución blockchain en la aplicación, de modo que todas las transacciones se registren en una blockchain publica y sean verificables por cualquier persona.

Ejemplo Avanzado

Imaginemos una aplicación web que permite a los usuarios gestionar su información personal y sus datos de salud. La aplicación permite a los usuarios controlar quiénes tienen acceso a su información, pero no ofrece ninguna garantía de seguridad en caso de hackeo o robo de datos. Para solucionar esto, se puede integrar una solución blockchain en la aplicación, de modo que la información personal y los datos de salud se almacenen en una blockchain privada, permitiendo que los usuarios controlen y protejan sus datos personales de manera segura y eficiente.

10.4   Consideraciones y mejores prácticas en el desarrollo Web 3.0

Como en todo desarrollo de software, el desarrollo de aplicaciones Web 3.0 también requiere de ciertas consideraciones y mejores prácticas para asegurar una implementación efectiva y segura. En el mundo Web 3.0, estas consideraciones son aún más importantes debido a la naturaleza descentralizada de estas aplicaciones.

En primer lugar, es importante tener en cuenta la escalabilidad de la aplicación. Con la creciente popularidad de la tecnología Web 3.0, es probable que el número de usuarios y transacciones aumente rápidamente. Por lo tanto, es importante asegurarse de que la aplicación sea escalable y pueda manejar el aumento del tráfico.

Otra consideración importante es la seguridad de la aplicación. Al ser una tecnología descentralizada, es esencial garantizar que los datos y transacciones sean seguros y protegidos contra posibles ataques. Para ello, es importante implementar medidas de seguridad adecuadas, como la cifrado de datos, la autenticación y autorización de usuarios, y la validación de transacciones.

Además, es importante tener en cuenta la interoperabilidad de la aplicación. Con la creciente cantidad de soluciones Blockchain disponibles en el mercado, es probable que los usuarios de la aplicación quieran intercambiar datos y valores con otras aplicaciones. Por lo tanto, es importante asegurarse de que la aplicación sea compatible con otras soluciones

Blockchain y que permita la interoperabilidad de datos.

Por último, es importante considerar la sostenibilidad de la aplicación a largo plazo. Con la naturaleza descentralizada de la tecnología Web 3.0, es importante asegurarse de que la aplicación sea sostenible y pueda mantenerse y mejorarse a lo largo del tiempo.

Ejemplos:

Un ejemplo sencillo de consideración en el desarrollo Web 3.0 podría ser la implementación de un sistema de autenticación y autorización de usuarios. Por ejemplo, utilizando un sistema de autenticación basado en la criptografía de clave pública y privada.

Ejemplo avanzado:

Este contrato de crowdfundig utiliza la tecnología de Ethereum y la programación en Solidity para crear un sistema descentralizado que permite a los usuarios contribuir con una cantidad determinada de criptomonedas. La lógica de negocios está definida en el contrato y cualquier persona puede participar y verificar los detalles de la campaña. Además, el contrato emite eventos específicos para registrar la participación y el alcance de la meta, lo que garantiza la transparencia y la confianza en el sistema.

```solidity
pragmasolidity^0.7.0;

contract Crowdfunding {
addresspublic owner;
uintpublic goal;
uintpublic raised;
mapping(address =>uint)public backers;

event Funded(address backer,uint amount);
event GoalReached();

constructor(uint goal)public{
owner =msg.sender;
this.goal = goal;
}

function contribute()publicpayable{
require(msg.value >0,"Must contribute a positive value.");
backers[msg.sender]+=msg.value;
raised +=msg.value;
emit Funded(msg.sender,msg.value);
if(raised >= goal){
emit GoalReached();
}
}

function getBackers()publicviewreturns(address[]memory){
address[]memory backersList =newaddress[](backers.length);
uint i =0;
for(address backer in backers){
backersList[i++]= backer;
}
return backersList;
}
}
```

En este ejemplo avanzado, vemos cómo el desarrollo Web 3.0 permite la creación de aplicaciones descentralizadas y de confianza que pueden ser utilizadas en una amplia variedad de industrias y use cases. Esto es solo un pequeño ejemplo de lo que es posible con la tecnología Web 3.0, y la combinación de blockchain, contratos inteligentes y criptomonedas, y la promesa de un futuro donde la tecnología puede ser utilizada para solucionar problemas importantes y mejorar la calidad de vida de las personas en todo el mundo.

Resumen y conclusiones:

- **Resumen de los conceptos y tecnologías vistos**

Hemos explorado profundamente el mundo de las tecnologías de la Web 3.0 y cómo pueden ser utilizadas para desarrollar soluciones innovadoras en el ámbito digital. Desde el blockchain hasta los contratos inteligentes, hemos visto cómo estas tecnologías se combinan para crear una internet más descentralizada, segura y eficiente.

Uno de los conceptos clave de la Web 3.0 es el blockchain, que es un registro inmutable y distribuido de transacciones. Este registro permite a las personas y organizaciones interactuar y realizar transacciones sin la necesidad de un intermediario confiable. La tecnología blockchain es la base para muchas de las nuevas aplicaciones en la Web 3.0, incluyendo criptomonedas como Bitcoin y Ethereum.

Otro concepto clave es el de los contratos inteligentes, que son programas autónomos que se ejecutan en el blockchain. Estos contratos permiten a las personas y organizaciones realizar transacciones automáticamente, sin la necesidad de un intermediario confiable. Además, los contratos inteligentes también pueden ser utilizados para crear aplicaciones descentralizadas, como exchanges de criptomonedas y plataformas de crowdfunding.

También hemos explorado cómo la tecnología de la Web 3.0 puede ser utilizada para mejorar la privacidad en línea. Por ejemplo, hemos visto cómo las criptomonedas y los contratos inteligentes pueden ser utilizados para proteger la identidad y la información personal de las personas. También hemos visto cómo la tecnología blockchain puede ser utilizada para proteger la propiedad intelectual y evitar la falsificación de productos.

A continuación, se presenta un ejemplo avanzado de código para un contrato inteligente en Ethereum:

```solidity
pragmasolidity^0.8.0;

contract Escrow {
addresspayable buyer;
addresspayable seller;
addresspayable arbiter;

function init(addresspayable _buyer,addresspayable _seller,addresspayable
_arbiter)public{
buyer = _buyer;
seller = _seller;
arbiter = _arbiter;
}

function deposit()publicpayable{
require(msg.sender == buyer,"Only the buyer can deposit funds.");
}

function release()public{
require(msg.sender == seller,"Only the seller can release funds.");
buyer.transfer(address(this).balance);
}

function refund()public{
require(msg.sender == arbiter,"Only the arbiter can refund funds.");
buyer.transfer(address(this).balance);
}
}
```

- **Conclusiones sobre la importancia y relevancia de Blockchain y Smart Contracts**

La era digital en la que vivimos ha traído consigo una cantidad sin precedentes de información, transacciones y datos que deben ser gestionados de forma segura y confiable. En este contexto, el surgimiento de Blockchain y Smart Contracts ha revolucionado la forma en que se realizan las transacciones y se manejan los datos.

Blockchain es una tecnología de registro distribuido que permite crear una base de datos inmutable y segura en la que los usuarios pueden registrar y verificar transacciones. Al ser un registro distribuido, no se puede modificar o eliminar ninguna información sin la aprobación de todos los participantes en la red. Esto hace que sea ideal para la gestión de activos y para la realización de transacciones de confianza en línea.

Por su parte, los Smart Contracts son programas autónomos que se ejecutan automáticamente en una red de Blockchain y que permiten la automatización de contratos y acuerdos. Al ser autónomos y alojados en una red segura, estos programas son más eficientes, confiables y seguros que los acuerdos y contratos tradicionales.

La importancia y relevancia de Blockchain y Smart Contracts radica en su capacidad de mejorar la eficiencia, la seguridad y la transparencia de las transacciones y acuerdos. Al utilizar un registro inmutable y seguro, se reduce el riesgo de fraude y se aumenta la confianza en la información y transacciones registradas.

Además, los Smart Contracts permiten la automatización de procesos y contratos, lo que reduce el tiempo y costo de las transacciones, mejora la eficiencia y disminuye la posibilidad de errores humanos.

Un ejemplo simple de aplicación de Blockchain y Smart Contracts es en el ámbito de las finanzas, en donde se pueden utilizar para realizar transferencias de dinero de forma segura y eficiente, sin la necesidad de intermediarios.

Por otro lado, un ejemplo avanzado es la aplicación en la gestión de la cadena de suministro, en donde se puede utilizar Blockchain para registrar y verificar la información de los productos y su origen, y Smart Contracts para automatizar acuerdos y procesos en la cadena de suministro. Esto mejora la transparencia y seguridad de la información, y reduce el tiempo y costo de los procesos.

- **Perspectivas futuras y oportunidades en el desarrollo de soluciones Blockchain**

Las perspectivas futuras y oportunidades en el desarrollo de soluciones Blockchain son enormes y variadas. La tecnología blockchain ha demostrado ser una solución innovadora y eficaz para solucionar una amplia gama de problemas en diferentes industrias, desde el sector financiero hasta el gobierno, la logística y la salud.

La naturaleza descentralizada y segura de la tecnología blockchain, combinada con la capacidad de crear contratos inteligentes, ofrece una solución innovadora para la automatización de procesos y la eliminación de intermediarios. Además, el uso de blockchain permite la creación de soluciones más eficientes, fiables y seguras en comparación con las soluciones tradicionales basadas en tecnología centralizada.

Las aplicaciones futuras de blockchain incluyen la creación de sistemas de votación en línea seguros y fiables, la implementación de soluciones de identidad digital y la mejora de la eficiencia y la transparencia en la gestión de la cadena de suministro. Además, el uso de contratos inteligentes permitirá la automatización de procesos y la reducción de costos en diferentes industrias.

Un ejemplo simple de aplicación futura de blockchain es el uso de soluciones de identidad digital para mejorar la seguridad y la privacidad en la gestión de información personal. Por ejemplo, una solución basada en blockchain permitiría a los usuarios controlar y gestionar su información personal de forma segura y eficiente, sin tener que confiar en terceros para gestionar esta información.

Un ejemplo avanzado de aplicación futura de blockchain es la creación de un sistema de cadena de suministro más eficiente y transparente. Una solución basada en blockchain permitiría a los participantes de la cadena de suministro compartir información y colaborar en tiempo real, mejorando la eficiencia y la transparencia en la gestión de la cadena de suministro. Además, el uso de contratos inteligentes permitiría la automatización de procesos y la reducción de costos en la gestión de la cadena de suministro.

En conclusión, Las perspectivas futuras y oportunidades en el desarrollo de soluciones basadas en Blockchain son verdaderamente emocionantes y ofrecen un potencial sin precedentes para revolucionar diversos sectores industriales. La tecnología Blockchain y los Smart Contracts están emergiendo como herramientas altamente efectivas y confiables para resolver problemas críticos relacionados con la transparencia, la seguridad y la eficiencia en la gestión de información y transacciones.

Desde la financiación descentralizada hasta la democracia digital, la implementación exitosa de soluciones Blockchain puede traer una serie de mejoras significativas para las sociedades en todo el mundo. Además, los contratos inteligentes permiten la automatización de procesos complejos, lo que libera tiempo y recursos valiosos y reduce el riesgo de errores humanos.

Además, la naturaleza descentralizada y segura de Blockchain ofrece una solución única para problemas críticos, como la privacidad y la protección de datos personales, que han sido ampliamente cuestionados en la era digital. Esto significa que, con el tiempo, es probable que veamos una mayor adopción de soluciones Blockchain en áreas como la identidad digital, la atención médica y el seguimiento de la cadena de suministro.

En cuanto a las oportunidades de carrera, el campo de las soluciones Blockchain está en constante crecimiento y es un área emocionante para aquellos interesados en la tecnología, la innovación y la criptografía. Con la creciente demanda de expertos en

Blockchain, existe una gran oportunidad para aquellos interesados en esta tecnología de establecer carreras gratificantes y bien remuneradas.

En resumen, las perspectivas futuras y oportunidades en el desarrollo de soluciones Blockchain son enormes y están impulsadas por la necesidad de soluciones más seguras, eficientes y transparentes en una era digital cada vez más interconectada. A medida que la tecnología continúa evolucionando y se adopta aún más ampliamente, es probable que veamos una serie de cambios transformadores en diversos sectores industriales y una creciente demanda de expertos en soluciones Blockchain.

Anexos:

En este apartado, encontrarás una serie de materiales complementarios y recursos adicionales que te permitirán continuar profundizando en el mundo de las soluciones Blockchain y Smart Contracts.

A continuación, te proporcionamos una lista de ejemplos prácticos y casos de uso de estas tecnologías, para que puedas ver de primera mano su aplicación en diferentes industrias y sectores. Además, te brindamos una lista de herramientas y recursos para que puedas empezar a desarrollar tus propias soluciones y aplicaciones Blockchain y Web 3.0.

Recuerda que estos anexos están diseñados para ayudarte en tu camino hacia la perfección y para que puedas continuar creciendo y mejorando en este fascinante campo de la tecnología. Con ellos, podrás ampliar tus conocimientos y habilidades, y estarás en capacidad de contribuir al avance y la evolución de las soluciones Blockchain y Web 3.0.

- **Material complementario y recursos adicionales para seguir profundizando en la materia.**

Como estudiantes y expertos en el desarrollo de soluciones Blockchain, es importante mantenernos actualizados y en constante evolución en esta área en constante crecimiento. Por eso, es fundamental contar con recursos y material complementario que nos permitan seguir profundizando en la materia y desarrollar nuestras habilidades.

En este sentido, existen diversos recursos y herramientas que podemos utilizar para seguir mejorando en este campo. Por ejemplo, podemos asistir a conferencias y charlas, leer libros y artículos escritos por expertos en el tema, y unirnos a comunidades en línea donde podamos compartir conocimientos y experiencias con otros expertos.

Además, es importante mencionar que existen muchos ejemplos prácticos y casos de uso de soluciones Blockchain y Smart Contracts que podemos explorar. Por ejemplo, el proyecto de criptomoneda Bitcoin es uno de los más conocidos y utilizados en la actualidad, y nos muestra cómo la tecnología Blockchain puede ser utilizada para crear un sistema de pagos descentralizado y seguro.

Otro ejemplo interesante es el proyecto Ethereum, que es una plataforma descentralizada que permite a los usuarios crear y ejecutar contratos inteligentes. Estos contratos pueden ser utilizados para una amplia variedad de aplicaciones, desde la creación de nuevas criptomonedas hasta la automatización de procesos empresariales.

Además de estos recursos, existen muchas herramientas y recursos que podemos utilizar para desarrollar nuestras propias soluciones y aplicaciones Blockchain y Web 3.0. Por ejemplo, existen lenguajes de programación como Solidity y Chaincode, que son específicos para el desarrollo de aplicaciones en la tecnología Blockchain. También existen plataformas como Ethereum y Hyperledger, que nos permiten desarrollar y ejecutar contratos inteligentes y soluciones Blockchain en un entorno seguro y controlado.

Por último, es importante mencionar que la tecnología Blockchain y Web 3.0 están en constante evolución, y es fundamental estar al tanto de las últimas tendencias y avances en esta área. Por eso, es recomendable seguir investigando y profundizando en la materia, y estar abiertos a aprender y desarrollar nuevas habilidades y soluciones en el futuro.

- **Ejemplos prácticos y casos de uso de soluciones Blockchain y Smart Contracts.**

1. Ejemplo Práctico Simple: Pago de servicios públicos utilizando Blockchain. En este caso, los usuarios pueden utilizar su monedero digital para pagar sus servicios públicos, tales como agua, luz y gas, sin necesidad de ir a una oficina o realizar transferencias bancarias. Además, la solución Blockchain permite una mayor transparencia y seguridad en el proceso de pago, ya que todas las transacciones quedan registradas de manera inmutable en la cadena de bloques.

2. Ejemplo Práctico Simple: Procesamiento de pagos en el sector turístico. En este caso, los viajeros pueden utilizar su monedero digital para pagar por servicios turísticos, tales como reservas de hotel, tours y excursiones, entre otros. La solución Blockchain permite un procesamiento más rápido y seguro de los pagos, al mismo tiempo que reduce los costos y errores asociados con los procesos intermediados por intermediarios financieros.

3. Ejemplo Práctico Avanzado: Supply Chain Management utilizando Blockchain. En este caso, las empresas pueden utilizar una solución Blockchain para rastrear y verificar la autenticidad de productos a lo largo de la cadena de suministro. La tecnología Blockchain permite una trazabilidad completa y segura de los productos, desde su origen hasta su destino final, lo que mejora la transparencia y confianza en la cadena de suministro.

4. Ejemplo Práctico Avanzado: Seguridad de votaciones electrónicas con Blockchain. En este caso, los gobiernos pueden utilizar una solución Blockchain para garantizar la seguridad y la transparencia en las elecciones electrónicas. La tecnología Blockchain permite un registro inmutable y seguro de las votaciones, lo que garantiza la integridad y privacidad de los datos de los votantes.

5. Ejemplo Práctico Avanzado: Sistema de identidad digital utilizando Blockchain. En este caso, los usuarios pueden utilizar una solución Blockchain para controlar y proteger sus datos de identidad, incluyendo información personal, historial médico y financiero. La tecnología Blockchain permite una gestión segura y autónoma de la información, lo que mejora la privacidad y el control de los datos personales.

Esperamos que estos ejemplos te hayan ayudado a entender de manera más concreta cómo las soluciones Blockchain y Smart Contracts pueden ser aplicadas en la vida real.

- **Lista de herramientas y recursos para el desarrollo de aplicaciones Blockchain y Web 3.0.**

detallo una lista de 7 de las mejores herramientas para el desarrollo de aplicaciones blockchain y Web 3.0:

1. Ethereum: Es una plataforma blockchain descentralizada que permite la creación y ejecución de contratos inteligentes y dapps. Es una de las plataformas más utilizadas y con mayor comunidad de desarrolladores.

2. Solidity: Es el lenguaje de programación utilizado para crear contratos inteligentes en la plataforma Ethereum. Es un lenguaje sencillo y flexible que permite crear contratos complejos y adaptados a las necesidades de cada proyecto.

3. Truffle: Es un marco de desarrollo para Ethereum que permite automatizar procesos como el despliegue de contratos y la ejecución de pruebas unitarias. Además, cuenta con una amplia documentación y una gran comunidad de desarrolladores.

4. IPFS: Es un sistema de archivos distribuido que permite almacenar y acceder a archivos de forma descentralizada. Es una tecnología fundamental para la creación de aplicaciones Web 3.0.

5. React Native: Es un marco de desarrollo para la creación de aplicaciones móviles híbridas que permite crear aplicaciones nativas para iOS y Android con un solo código fuente.

6. Infura: Es un servicio en la nube que permite acceder a la blockchain de Ethereum de forma segura y escalable. Es una solución ideal para proyectos que requieren acceso a la blockchain de manera rápida y sin tener que preocuparse por la gestión de nodos.

7. MetaMask: Es una wallet descentralizada que permite almacenar, enviar y recibir Ether y tokens ERC-20 de manera segura. Además, permite interactuar con contratos inteligentes y dapps de manera sencilla y segura.

En cuanto a recursos y enlaces de interés, aquí te menciono algunos:

- Autor reputado: Vlad Zamfir, investigador principal en Ethereum Foundation, es una de las figuras más importantes en el mundo de la blockchain y un referente en la creación de contratos inteligentes.

- Enlace de interés: La documentación de Ethereum es un recurso esencial para los desarrolladores que quieren profundizar en el desarrollo de aplicaciones blockchain y contratos inteligentes.

- Recurso óptimo: El canal de YouTube de ConsenSys, una de las principales empresas en el mundo de la blockchain, cuenta con una amplia variedad de videos sobre tecnología blockchain, contratos inteligentes y desarrollo de aplicaciones

Además, existen varias herramientas y plataformas que pueden usar para verificar y auditar el código de un contrato de token ERC-20 en busca de errores y problemas de seguridad. Algunas de estas herramientas incluyen:

1. Remix: Es un entorno de desarrollo integrado (IDE) en línea para la creación y depuración de contratos inteligentes.

2. Mythril: Es una herramienta de auditoría de seguridad para contratos inteligentes en la cadena de bloques Ethereum.

3. Oyente: Es una plataforma de seguridad para contratos inteligentes en la cadena de bloques Ethereum que utiliza técnicas de inteligencia artificial y aprendizaje automático para identificar posibles problemas de seguridad.

4. Solhint: Es una herramienta de linting para contratos inteligentes en Solidity que ayuda a encontrar problemas de estilo y buenas prácticas

PRACTICA: Desarrollo práctico de aplicaciones Blockchain:

Bienvenidos al apartado más emocionante y práctico de nuestro libro sobre aplicaciones Blockchain y Web 3.0. Aquí, es donde tendremos la oportunidad de poner en práctica todos los conocimientos adquiridos hasta el momento y llevar a cabo el desarrollo práctico de diferentes aplicaciones Blockchain y soluciones basadas en contratos inteligentes.

En este apartado, tendremos la oportunidad de experimentar con la implementación de contratos inteligentes, la creación de un Token ERC-20 Avanzado, la creación de aplicaciones descentralizadas, la integración de soluciones Blockchain, la creación de una plataforma de intercambio descentralizada (DEX) utilizando contratos inteligentes, y el desarrollo de una aplicación de votación descentralizada utilizando tecnología blockchain y contratos inteligentes.

Estos ejercicios, supuestos prácticos y desarrollos de casos, nos permitirán consolidar nuestro conocimiento sobre la tecnología blockchain y contratos inteligentes, y también nos brindarán la oportunidad de desarrollar soluciones innovadoras y aplicaciones que puedan tener un impacto positivo en la sociedad y en los negocios.

Así que, estén preparados para poner en práctica todo lo aprendido y para desarrollar soluciones impresionantes en el mundo de la tecnología Blockchain y Web 3.0. ¡Vamos a hacerlo!

- **Implementación de contratos inteligentes**

Supuesto práctico 1 (sencillo): Creación de un contrato inteligente para una subasta de arte.

En este supuesto práctico, se creará un contrato inteligente para llevar a cabo una subasta de arte en la blockchain Ethereum. El contrato incluirá las siguientes funciones:

1. Registrar una pieza de arte para la subasta.

2. Aceptar ofertas de los licitadores.

3. Verificar la oferta ganadora y transferir la propiedad de la pieza de arte al ganador.

A continuación se presenta un ejemplo de código en Solidity que se puede utilizar para implementar este contrato inteligente:

```
pragmasolidity^0.7.0;

contract ArtAuction {
addresspublic owner;
addresspublic highestBidder;
uintpublic highestBid;
uintpublic auctionEnd;
stringpublic artworkName;

constructor(stringmemory _artworkName,uint _auctionEnd)public{
owner =msg.sender;
artworkName = _artworkName;
auctionEnd = _auctionEnd;
}

function bid(uint _bid)publicpayable{
require(msg.value > highestBid,"Bid is not high enough");
require(now < auctionEnd,"Auction has already ended");
highestBidder =msg.sender;
highestBid = _bid;
}

function endAuction()public{
require(now >= auctionEnd,"Auction has not yet ended");
require(msg.sender == owner,"Only the owner can end the auction");
highestBidder.transfer(highestBid);
}
}
```

Supuesto práctico 2 (avanzado): Creación de un contrato inteligente para un sistema de votación descentralizado.

En este supuesto práctico, se creará un contrato inteligente para llevar a cabo un sistema de votación descentralizado en la blockchain Ethereum. El contrato incluirá las siguientes funciones:

1. Registrar los votantes y las opciones de votación.

2. Permitir que los votantes voten por su opción preferida.

3. Verificar y contar los votos y determinar el resultado de la votación.

A continuación se presenta un ejemplo de código en Solidity que se puede utilizar para implementar este contrato inteligente:

```solidity
pragmasolidity^0.8.0;

contract Voting {
// Mapeo para registrar votantes
mapping(address =>bool)public voters;

// Arreglo para registrar las opciones de votación
string[]public votingOptions;

// Contador de votos
uint[]public voteCount;

// Constructor para establecer las opciones de votación
constructor(string[]memory options)public{
votingOptions = options;
voteCount =newuint[options.length];
}

// Función para registrar votantes
function registerVoter(address voter)public{
voters[voter]=true;
}

// Función para votar
function vote(uint index)public{
require(voters[msg.sender],"No estás registrado como votante.");
require(index < votingOptions.length,"Opción de votación inválida.");
voteCount[index]+=1;
}

// Función para verificar el resultado de la votación
function getResult()publicviewreturns(string[]memory,uint[]){
return(votingOptions, voteCount);
}
}
```

Este ejemplo demuestra cómo crear un contrato inteligente para llevar a cabo un sistema de votación descentralizado en la blockchain Ethereum. En este contrato se registran los votantes y las opciones de votación, se permite que los votantes voten por su opción preferida, se verifican y cuentan los votos y se determina el resultado de la votación.

Otro supuesto avanzado:

```
pragmasolidity^0.8.0;

contract AdvanceSmartContract {

address owner;
uint256public totalSupply;
mapping(address =>uint256)public balanceOf;
mapping(address =>mapping(address =>uint256))public allowed;
stringpublic name;
stringpublic symbol;
uint8public decimals;

constructor(uint256 initialSupply,stringmemory tokenName,stringmemory
tokenSymbol,uint8 decimalUnits)public{
owner =msg.sender;
totalSupply = initialSupply *(10 ** uint256(decimalUnits));
balanceOf[owner]= totalSupply;
name = tokenName;
symbol = tokenSymbol;
decimals = decimalUnits;
}

function transfer(address _to,uint256 _value)public{
require(balanceOf[msg.sender]>= _value && _value >0,"Insufficient balance");
balanceOf[msg.sender]-= _value;
balanceOf[_to]+= _value;
emit Transfer(msg.sender, _to, _value);
}

function approve(address _spender,uint256 _value)public{
allowed[msg.sender][_spender]= _value;
emit Approval(msg.sender, _spender, _value);
}

function transferFrom(address _from,address _to,uint256 _value)public{
require(balanceOf[_from]>= _value && allowed[_from][msg.sender]>= _value &&
_value >0,"Insufficient balance");
balanceOf[_from]-= _value;
balanceOf[_to]+= _value;
allowed[_from][msg.sender]-= _value;
emit Transfer(_from, _to, _value);
}

event Transfer(addressindexed _from,addressindexed _to,uint256 _value);
event Approval(addressindexed _owner,addressindexed _spender,uint256 _value);
}
```

Este supuesto práctico avanzado implementa un contrato inteligente de tipo token
ERC-20. Incluye funciones como transferir, aprobar y transferir desde, que permiten la
transferencia de tokens entre direcciones de cuenta. También incluye eventos para

emitir transferencias y aprobaciones para un seguimiento adecuado de las transacciones.

- **Creación de un Token ERC-20 Avanzado**

```solidity
pragmasolidity^0.8.0;

contract AdvancedToken {
stringpublic name ="Advanced Token";
stringpublic symbol ="ADV";
uint256public totalSupply;
uint256public decimals =18;
mapping(address =>uint256)public balanceOf;
addresspublic owner;

constructor(uint256 initialSupply)public{
owner =msg.sender;
totalSupply = initialSupply *10**uint256(decimals);
balanceOf[owner]= totalSupply;
}

function transfer(address _to,uint256 _value)public{
require(balanceOf[msg.sender]>= _value && _value >0,"Insufficient funds");
balanceOf[msg.sender]-= _value;
balanceOf[_to]+= _value;
}

function approve(address _spender,uint256 _value)publicreturns(bool){
require(balanceOf[msg.sender]>= _value && _value >0,"Insufficient funds");
balanceOf[msg.sender]-= _value;
balanceOf[_spender]+= _value;
returntrue;
}

function transferFrom(address _from,address _to,uint256
_value)publicreturns(bool){
require(balanceOf[_from]>= _value && _value >0,"Insufficient funds");
balanceOf[_from]-= _value;
balanceOf[_to]+= _value;
returntrue;
}

function increaseSupply(uint256 _value)public onlyOwner {
totalSupply += _value *10**uint256(decimals);
balanceOf[owner]+= _value *10**uint256(decimals);
}

function decreaseSupply(uint256 _value)public onlyOwner {
totalSupply -= _value *10**uint256(decimals);
balanceOf[owner]-= _value *10**uint256(decimals);
}

modifier onlyOwner {
require(msg.sender == owner,"Only owner can perform this action");
```

En este ejemplo se creará un Token ERC-20 avanzado con diversas funciones y características que lo hagan más funcional, seguro, adaptable, y con una gran probabilidad de tener mucho éxito y aceptación en el mercado de exchanges y de intercambio. Este token incluirá las siguientes funciones:

- Función de pagos: permitirá el uso del token como forma de pago en diferentes plataformas y servicios.

- Función de intercambio: permitirá el intercambio del token con otras criptomonedas y monedas fiat en diferentes exchanges.

- Función de recompensas: proporcionará recompensas en forma de tokens a los usuarios por su participación en la red.

- Función de seguridad: incluirá medidas de seguridad avanzadas para proteger los fondos y la información de los usuarios.

- Función de fees: incluirá una estructura de tarifas para financiar la operación y el mantenimiento de la red.

- Función de escalabilidad: permitirá una escalabilidad eficiente y un rendimiento óptimo a medida que la red crece y aumenta su uso.

A continuación se muestra un ejemplo de código en Solidity para implementar este Token ERC-20 avanzado:

```solidity
pragmasolidity^0.8.0;
contract AdvancedToken {
stringpublic name ="Advanced Token";
stringpublic symbol ="ADVT";
uint8public decimals =18;
uint256public totalSupply;
mapping(address =>uint256)public balanceOf;
event Transfer(addressindexed _from,addressindexed _to,uint256 _value);
event Approval(addressindexed _owner,addressindexed _spender,uint256 _value);

constructor(uint256 initialSupply)public{
balanceOf[msg.sender]= initialSupply;
totalSupply = initialSupply;
}

function transfer(address _to,uint256 _value)publicreturns(bool){
require(balanceOf[msg.sender]>= _value && _value >0,"Insufficient balance");
balanceOf[msg.sender]-= _value;
balanceOf[_to]+= _value;
emit Transfer(msg.sender, _to, _value);
returntrue;
}

function transferFrom(address _from,address _to,uint256
_value)publicreturns(bool){
require(balanceOf[_from]>= _value && _value >0&& allowed[_from][msg.sender]>=
_value,"Insufficient balance or approval");
balanceOf[_from]-= _value;
balanceOf[_to]+= _value;
allowed[_from][msg.sender]-= _value;
emit Transfer(_from, _to, _value);
returntrue;
}

function approve(address _spender,uint256 _value)publicreturns(bool){
allowed[msg.sender][_spender]= _value;
emit Approval(msg.sender, _spender, _value);
returntrue;
}

function fee()publicpayable{
uint256 feePercent =1;// 1% fee
uint256 fee =msg.value * feePercent /100;
balanceOf[msg.sender]+=msg.value - fee;
totalSupply +=msg.value - fee;
}

mapping(address =>mapping(address =>uint256))public allowed;
}
```

Este código define un contrato de token ERC-20 avanzado que incluye funciones para transferir token, aprobar transferencias en nombre del usuario, y una función **fee()** que permite a los usuarios enviar tokens a la dirección del contrato y pagar una tarifa porcentual por la transacción. También incluye eventos que permiten a los clientes de la aplicación y otros contratos interactuar con el contrato y recibir notificaciones cuando se realicen transferencias y se aprueben transferencias.

- **Creación de aplicaciones descentralizadas**

A continuación, se presentan dos ejemplos avanzados y muy funcionales de creación de aplicaciones descentralizadas en la blockchain Ethereum:

1. Aplicación descentralizada de subastas

En este ejemplo, se creará una aplicación descentralizada de subastas en la blockchain Ethereum. El contrato inteligente incluirá las siguientes funciones:

- Registrar los artículos a subastar.

- Permitir a los usuarios realizar pujas por los artículos.

- Verificar y contar las pujas y determinar el ganador de la subasta.

- Realizar la transferencia automática de los fondos del ganador a la dirección del vendedor una vez finalizada la subasta.

Este es un ejemplo de código en Solidity que se puede utilizar para implementar esta aplicación descentralizada de subastas:

```solidity
pragmasolidity^0.8.0;

contract Auction {
addresspublic seller;
addresspublic highestBidder;
uintpublic highestBid;
uintpublic auctionEnd;
uintpublic auctionDuration;
uintpublic biddingDuration;
uintpublic biddingStart;
uintpublic auctionId;
stringpublic itemName;

event NewBid(address bidder,uint bid);
event AuctionEnded(address winner,uint winningBid);

constructor(stringmemory _itemName,uint _auctionDuration,uint
_biddingDuration)public{
seller =msg.sender;
```

```
itemName = _itemName;
auctionDuration = _auctionDuration;
biddingDuration = _biddingDuration;
biddingStart = now;
auctionEnd = now + auctionDuration;
}

function bid(uint _bid)publicpayable{
require(msg.value > highestBid,"Bid too low");
require(now < auctionEnd,"Auction has already ended");
highestBidder =msg.sender;
highestBid = _bid;
emit NewBid(msg.sender, _bid);
}

function endAuction()public{
require(now >= auctionEnd,"Auction not yet ended");
require(msg.sender == seller,"Only the seller can end the auction");
highestBidder.transfer(highestBid);
emit AuctionEnded(highestBidder, highestBid);
}
}
```

2. Aplicación descentralizada de remesas basada en Ethereum:

Un ejemplo de una aplicación descentralizada de remesas podría ser una plataforma de transferencia de dinero que utiliza la tecnología blockchain para garantizar la transparencia, la seguridad y la eficiencia en las transacciones. Esta aplicación permitiría a los usuarios enviar y recibir dinero de manera segura y sin la necesidad de intermediarios, lo que a su vez disminuiría los costos y los tiempos de transacción.

A continuación, se describirá un ejemplo de código en Solidity para implementar un contrato inteligente que podría ser utilizado como parte de esta aplicación descentralizada de remesas:

```
pragmasolidity^0.8.0;

contract Remittances {

// Variables
address owner;
mapping(address =>uint)public balances;
uintpublic totalSupply;

// Events
event Transfer(addressindexed _from,addressindexed _to,uint256 _value);
event Deposit(addressindexed _from,uint256 _value);

// Constructor
constructor()public{
```

```
owner =msg.sender;
totalSupply =0;
}

// Deposit function
function deposit()publicpayable{
require(msg.value >0,"Deposit amount must be greater than 0");
balances[msg.sender]+=msg.value;
totalSupply +=msg.value;
emit Deposit(msg.sender,msg.value);
}

// Transfer function
function transfer(address _to,uint256 _value)public{
require(_to !=address(0),"Invalid address");
require(_value <= balances[msg.sender],"Insufficient funds");
balances[msg.sender]-= _value;
balances[_to]+= _value;
emit Transfer(msg.sender, _to, _value);
}

// Withdraw function
function withdraw(uint256 _value)public{
require(_value <= balances[msg.sender],"Insufficient funds");
require(msg.sender.call.value(_value)());
balances[msg.sender]-= _value;
totalSupply -= _value;
}

// Get balance function
function getBalance(address _user)publicviewreturns(uint){
return balances[_user];
}

}
```

Este contrato inteligente incluye las siguientes funciones:

1. Deposit: permite a los usuarios depositar fondos en la aplicación.

2. Transfer: permite a los usuarios transferir fondos a otras direcciones.

3. Withdraw: permite a los usuarios retirar fondos de la aplicación.

4. GetBalance: permite consultar el saldo de un usuario en la aplicación.

Este contrato incluye los siguientes eventos:

1. Transfer: Este evento se dispara cuando se realiza una transferencia de tokens entre dos direcciones. Tiene tres argumentos: _from (dirección del remitente), _to (dirección del destinatario) y _value (cantidad de tokens transferidos).

2. Deposit: Este evento se activa cuando un usuario realiza un depósito en la aplicación. Tiene dos argumentos: _from (dirección del remitente) y _value (cantidad de tokens depositados).

- Integración de soluciones Blockchain

Un ejemplo avanzado y muy funcional de integración de soluciones Blockchain es la creación de un sistema de pago descentralizado que utilice la tecnología Blockchain para realizar transacciones de forma segura y rápida. Este sistema de pago podría ser utilizado por comercios y personas para enviar y recibir dinero de una forma más eficiente que las tradicionales soluciones de pago.

El código siguiente es un ejemplo de cómo podría ser implementado un contrato inteligente en la blockchain Ethereum para este sistema de pago descentralizado:

```solidity
pragmasolidity^0.8.0;

contract PaymentSystem {

// Variables
mapping(address =>uint)public balances;
uintpublic totalSupply;

// Events
event Transfer(addressindexed _from,addressindexed _to,uint256 _value);
event Deposit(addressindexed _from,uint256 _value);

// Constructor
constructor()public{
totalSupply =0;
}

// Deposit function
function deposit()publicpayable{
require(msg.value >0,"Deposit amount must be greater than 0");
balances[msg.sender]+=msg.value;
totalSupply +=msg.value;
emit Deposit(msg.sender,msg.value);
}

// Transfer function
function transfer(address _to,uint256 _value)public{
require(_to !=address(0),"Invalid address");
require(_value <= balances[msg.sender],"Insufficient funds");
balances[msg.sender]-= _value;
balances[_to]+= _value;
emit Transfer(msg.sender, _to, _value);
}
```

```
// Withdraw function
function withdraw(uint256 _value)public{
require(_value <= balances[msg.sender],"Insufficient funds");
require(msg.sender.call.value(_value)());
balances[msg.sender]-= _value;
totalSupply -= _value;
}

// Get balance function
function getBalance(address _user)publicviewreturns(uint){
return balances[_user];
}
```

Este contrato inteligente permite a los usuarios depositar fondos, transferir fondos a otros usuarios y retirar fondos de su cuenta en el sistema de pago. Además, el contrato emite eventos cada vez que se realiza una transacción o un depósito, lo que permite a los desarrolladores construir aplicaciones en la parte superior que utilicen estos eventos para proporcionar una experiencia de usuario más rica y útil.

Esta solución de pago descentralizada tiene mucho potencial de éxito debido a la seguridad y transparencia que ofrece la tecnología Blockchain, además de ser más eficiente y escalable que las soluciones tradicionales.

- Creación de una plataforma de intercambio descentralizada (DEX) utilizando contratos inteligentes

Para la creación de una plataforma de intercambio descentralizada (DEX), podemos utilizar contratos inteligentes de Ethereum. La estructura de la plataforma puede ser la siguiente:

1. Contrato Token: Este contrato se encarga de crear y gestionar el token que se utilizará en la plataforma. Este contrato debería incluir funciones para transferir tokens de una dirección a otra, consultar el saldo de una dirección y emitir eventos en caso de que se haya realizado una transferencia.

2. Contrato Orden: Este contrato se encarga de almacenar órdenes de compra o venta de tokens. Cada orden incluirá información sobre el token a intercambiar, la cantidad de tokens, el precio por token y la dirección del comprador o vendedor.

3. Contrato DEX: Este es el contrato principal que se encarga de gestionar y coordinar las órdenes almacenadas en el contrato Orden. Este contrato tendrá funciones para crear una nueva orden, cancelar una orden existente, ejecutar

una orden y transferir tokens de una dirección a otra. Además, este contrato también debería tener lógica para asegurarse de que las órdenes se ejecuten de manera justa y segura.

A continuación, se presenta un ejemplo de código para un contrato DEX básico:

```solidity
/ Contrato Token
pragmasolidity^0.8.0;

contract Token {
// Variables
stringpublic name;
stringpublic symbol;
uint8public decimals;
uint256public totalSupply;
mapping(address =>uint256)public balances;
// Events
event Transfer(addressindexed _from,addressindexed _to,uint256 _value);

// Constructor
constructor(stringmemory _name,stringmemory _symbol,uint8 _decimals,uint256
_totalSupply)public{
name = _name;
symbol = _symbol;
decimals = _decimals;
totalSupply = _totalSupply;
balances[msg.sender]= totalSupply;
}

// Transfer function
function transfer(address _to,uint256 _value)public{
require(_to !=address(0),"Invalid address");
require(_value <= balances[msg.sender],"Insufficient funds");
balances[msg.sender]-= _value;
balances[_to]+= _value;
emit Transfer(msg.sender, _to, _value);
}

// Get balance function
function getBalance(address _user)publicviewreturns(uint256){
return balances[_user];
}
```

```solidity
// Contrato Orden
pragmasolidity^0.8.0;

contract Order {
// Variables
addresspublic tokenAddress;
uint256public amount;
uint256public price;
addresspublic owner;
```

```solidity
boolpublic isBuyOrder;
// Constructor
constructor(address _tokenAddress,uint256 _amount,uint256 _price,bool
_isBuyOrder)public{
tokenAddress = _tokenAddress;
amount = _amount;
price = _price;
owner =msg.sender;
isBuyOrder = _isBuyOrder;
}
```

```solidity
// // Contrato DEX
pragmasolidity^0.8.0;

contract DEX {
// Variables
Order[]public orders;
mapping(address =>uint256)public orderIds;
Events
event NewOrder(uint256 _orderId,address _tokenAddress,uint256 _amount,uint256
_price,bool _isBuyOrder);
event CancelOrder(uint256 _orderId);
event ExecuteOrder(uint256 _orderId,address _from,address _to,uint256 _amount);

// Create order function
function createOrder(address _tokenAddress,uint256 _amount,uint256 _price,bool
_isBuyOrder)public{
Order storage newOrder =new Order(_tokenAddress, _amount, _price, _isBuyOrder);
orderIds[msg.sender]= orders.push(newOrder)-1;
emit NewOrder(orderIds[msg.sender], _tokenAddress, _amount, _price, _isBuyOrder);
}

// Cancel order function
function cancelOrder(uint256 _orderId)public{
Order storage orderToCancel =
orders[_orderId];
require(orderToCancel.owner ==msg.sender,"Only the owner of the order can cancel
it.");
orderToCancel.cancelled =true;
emit CancelOrder(_orderId);
}

// Execute order function
function executeOrder(uint256 _orderId)public{
Order storage orderToExecute =
orders[_orderId];
require(!orderToExecute.cancelled,"Order has been cancelled.");
require(orderToExecute.amount >0,"Order has already been fully executed.");
address from =msg.sender;
address to = orderToExecute.owner;
uint256 amount = orderToExecute.amount;
uint256 price = orderToExecute.price;
```

```solidity
// Check if the execution order matches the type of the original order (buy or
sell)
if(orderToExecute.isBuyOrder ==true){
require(from.balance >= amount * price,"Insufficient funds.");
from.transfer(amount * price);
to.transfer(amount);
}else{
require(from.balance >= amount,"Insufficient funds.");
from.transfer(amount);
to.transfer(amount * price);
}
orderToExecute.amount =0;
emit ExecuteOrder(_orderId, from, to, amount);
}

// Order struct
struct Order {
address owner;
address tokenAddress;
uint256 amount;
uint256 price;
bool isBuyOrder;
bool cancelled;
// Constructor
constructor(address _tokenAddress,uint256 _amount,uint256 _price,bool
_isBuyOrder)public{
owner =msg.sender;
tokenAddress = _tokenAddress;
amount = _amount;
price = _price;
isBuyOrder = _isBuyOrder;
cancelled =false;
}
}
}
```

Resumen de lo aprendido:

Durante este libro hemos explorado en profundidad el mundo de las soluciones Blockchain y los Smart Contracts. Hemos aprendido sobre la tecnología subyacente que impulsa la descentralización y la confianza en las transacciones en línea. Hemos visto cómo las soluciones Blockchain están transformando una amplia gama de industrias, desde la banca hasta la cadena de suministro, pasando por la propiedad intelectual y la identidad digital.

Además, hemos examinado las diferentes implementaciones de Blockchain, desde las más conocidas como Bitcoin y Ethereum hasta soluciones más nuevas y avanzadas como Chainlink, Cardano y Polkadot. También hemos explorado los conceptos básicos de la seguridad y privacidad en el mundo de las criptomonedas y las soluciones Blockchain en general.

En el apartado de aplicaciones, hemos visto ejemplos prácticos de cómo las soluciones Blockchain están siendo utilizadas en la actualidad para resolver problemas reales y mejorar la eficiencia en diferentes industrias. También hemos explorado la creciente importancia de la Web 3.0 y cómo las soluciones Blockchain están impulsando una nueva era de aplicaciones descentralizadas en línea.

Por último, en los anexos, hemos proporcionado una lista de material complementario y recursos adicionales para aquellos que deseen profundizar aún más en la materia. Hemos incluido ejemplos prácticos y casos de uso, así como una lista de herramientas y recursos para el desarrollo de aplicaciones Blockchain y Web 3.0.

Conclusiones finales:

En conclusión, este libro ha proporcionado una visión completa y profunda de las soluciones Blockchain y los Smart Contracts. Hemos aprendido acerca de la tecnología subyacente, las diferentes implementaciones y las aplicaciones prácticas en diferentes industrias. Además, hemos proporcionado herramientas y recursos para aquellos que deseen desarrollar sus propias soluciones y aplicaciones en este campo en constante evolución.

Tutorial básico para crear un token de criptomoneda en Solidity en Remix:

1. Accede a un Remix (https://remix.ethereum.org/).

2. Haga clic en la pestaña "Editor".

3. Cree un nuevo contrato llamado "Token" y defina la estructura básica con la siguiente sintaxis:

```solidity
pragmasolidity^0.8.0;

contract Token {

// Aquí definirás las variables de instancia y las funciones del contrato.

}
```

4. Definir la estructura del token, incluidas las variables de instancia y los eventos. Por ejemplo:

```solidity
pragmasolidity^0.8.0;

contract Token {

stringpublic name;
stringpublic symbol;
uint256public totalSupply;

// Evento que se desencadenará cuando se envíen tokens
event Transfer(
addressindexed from,
addressindexed to,
uint256 value
);

// Constructor
constructor()public{
name ="Token example";
symbol ="TKE";
totalSupply =5000000;
}
}
```

5. Implementa la lógica de transferencia de tokens. Por ejemplo:

```solidity
pragmasolidity^0.8.0;

contract Token {

stringpublic name;
stringpublic symbol;
uint256public totalSupply;

event Transfer(
addressindexed from,
addressindexed to,
uint256 value
);

mapping(address =>uint256)public balances;

// Constructor
constructor()public{
name ="Token example";
symbol ="TKE";
totalSupply =5000000;

// Asigna toda la oferta total al creador del contrato
balances[msg.sender]= totalSupply;
}

// Función para transferir tokens
function transfer(address _to,uint256 _value)public{
require(balances[msg.sender]>= _value,"No tienes suficientes tokens");
require(balances[_to]+ _value >= balances[_to],"El destinatario no puede aceptar
la transferencia");

balances[msg.sender]-= _value;
balances[_to]+= _value;

emit Transfer(msg.sender, _to, _value);
}
}
```

6. Haz clic en "Compilar" en la parte superior izquierda para compilar el código. Si no hay errores, se mostrará un mensaje "Compilación exitosa" en la consola.

7. Haz clic en "Crear" para crear una nueva instancia del contrato.

8. Selecciona la cuenta que deseas utilizar como creador del contrato y haz clic en "Desplegar".

9. Ya puedes probar

A la hora de revisar un código de u token:

en general, aquí hay algunos factores clave que un experto en Solidity consideraría al revisar un contrato de token:

1. Seguridad: ¿Hay medidas adecuadas en su lugar para proteger los fondos de los usuarios y prevenir ataques como el robo de fondos o la interrupción del contrato?

2. Optimización: ¿El código es eficiente y evita problemas de escalabilidad y congestión de la red?

3. Fiabilidad: ¿El código maneja correctamente errores y excepciones, y funciona como se espera en diferentes situaciones y entornos?

4. Legalidad: ¿El contrato cumple con las leyes y la aplicación aplicable a los tokens ya la utilización de la plataforma de blockchain en cuestión?

5. Claridad y legibilidad: ¿El código está bien documentado y es fácil de entender y mantener para otros desarrolladores?

También:

1. Asegurarse de que todas las partes están de acuerdo con las condiciones y las cláusulas incluidas en el contrato.

2. Incluir detalles claros y específicos sobre las obligaciones y responsabilidades de cada parte.

3. Incluir cláusulas de resolución de disputas y mecanismos de resolución de conflictos.

4. Asegurarse de que el contrato cumpla con todas las leyes y aplique pertinentes.

5. Revisar periódicamente el contrato para asegurarse de que siga siendo relevante y adaptado a cualquier cambio en las circunstancias.

GLOSARIO:

glosario de términos esenciales para el libro de "Blockchain y Smart Contracts con Solidity, Programación y Desarrollo WEB 3.0":

1. Blockchain: una tecnología de registro distribuido que permite un registro seguro y permanente de transacciones y datos.

2. Cadena de bloques: una secuencia de bloques con información enlazados y verificados mediante criptografía.

3. Nodo: un ordenador que se une a una red blockchain y participa en el mantenimiento y verificación de la misma.

4. Minería: el proceso por el cual los nodos verifican y validan las transacciones y las agrupan en bloques.

5. Cryptocurrency: una forma de moneda digital descentralizada que utiliza tecnologías de blockchain para garantizar la seguridad y la privacidad de las transacciones.

6. Smart contract: un contrato digital autónomo que se ejecuta de forma segura y sin la necesidad de intermediarios.

7. Solidity: un lenguaje de programación de smart contract para la plataforma Ethereum.

8. Ethereum: una plataforma blockchain open-source que permite la creación y ejecución de aplicaciones descentralizadas y smart contracts.

9. Gas: una unidad de medida utilizada en Ethereum para representar el costo computacional de ejecutar una operación en la blockchain.

10. Web 3.0: la tercera generación de la web, caracterizada por la descentralización y la utilización de tecnologías blockchain.

11. Descentralización: una arquitectura de sistemas en la que la autoridad y el control están distribuidos entre muchos nodos en lugar de ser centralizados en una sola entidad.

12. Dapp: una aplicación descentralizada que se ejecuta en una blockchain y es controlada y verificada por la comunidad.

13. Token: una representación digital de un activo o unidad de valor que se puede transferir y almacenar en una blockchain.

14. Contrato inteligente: un programa autónomo que se ejecuta de forma segura en una blockchain y que permite la automatización de procesos y contratos.

15. Consenso: el proceso por el cual los nodos de una red blockchain alcanzan un acuerdo sobre la veracidad de una transacción o un bloque.

16. Hash: una representación única y resumida de un conjunto de datos, utilizada en blockchain para identificar y verificar bloques y transacciones.

17. Dirección de wallet: una dirección única en una blockchain que se utiliza para recibir y almacenar criptomonedas y tokens.

18. Tokenización: el proceso de convertir un activo o bien real en un token digital que puede ser transferido y almacenado en una blockchain.

19. Consorcios blockchain: un grupo de empresas o entidades que trabajan juntas para crear y mantener una red blockchain privada.

20. P2P: Peer-to-Peer, una arquitectura de red en la que los nodos interactúan directamente entre sí sin la necesidad de intermediarios.

21. Token ERC-20: un token estándar para la creación de tokens en la plataforma Ethereum, basado en un protocolo ERC-20.

22. Gas price: el precio del gas en Ethereum, que representa el costo de ejecutar una operación en la blockchain.

23. Multisig: multi-firma, una forma de autenticación múltiple que requiere varias claves o firmas para autorizar una transacción.

24. Smart contract code: el código que define y controla la ejecución de un smart contract en una blockchain.

25. Node.js: un entorno de ejecución de JavaScript para el servidor y el desarrollo de aplicaciones web.

26. Ganache: una herramienta para el desarrollo y pruebas de smart contracts en Ethereum.

27. Truffle: un marco de herramientas de desarrollo de Ethereum para la creación y despliegue de aplicaciones descentralizadas y smart contracts.

28. Infura: un servicio de infraestructura de Ethereum que permite a los desarrolladores conectarse y utilizar la blockchain de Ethereum de manera fácil y segura.

29. Decentralized Autonomous Organization (DAO): una organización descentralizada y autónoma que se ejecuta en una blockchain y que es controlada y verificada por la comunidad.

30. IPFS: InterPlanetary File System, un sistema de archivos descentralizado y distribuido que permite el almacenamiento y distribución de contenido de manera descentralizada.

31. Oraclize: una plataforma que permite la conexión de smart contracts con fuentes de datos externas en la blockchain de Ethereum.

32. Hard fork: un cambio en la regla de consenso de una blockchain que hace incompatible una rama antigua con la nueva.

33. Soft fork: un cambio en la regla de consenso de una blockchain que es compatible con versiones antiguas.

34. Whitepaper: un documento que describe la propuesta técnica y los objetivos de un proyecto blockchain.

35. ICO: Initial Coin Offering, una forma de financiación de proyectos blockchain mediante la emisión y venta de tokens.

36. Ledger: un registro o libro de contabilidad que registra transacciones y datos en una blockchain.

37. API: Application Programming Interface, un conjunto de herramientas y protocolos para permitir la interacción con un sistema o plataforma.

38. Wallet: una aplicación o dispositivo que permite almacenar y gestionar criptomonedas y tokens en una blockchain.

39. Cryptoasset: un activo digital basado en criptografía, incluyendo criptomonedas y tokens.

40. Script: un lenguaje de programación utilizado en blockchain para crear y controlar transacciones y contratos inteligentes.

41. Fork: una rama separada de una blockchain que surge debido a una diferencia en las reglas de consenso o un cambio en la red.

42. Hashrate: la tasa de cálculo de hashes por segundo en una blockchain, utilizada para medir el poder de procesamiento de la red.

43. Merkle tree: una estructura de árbol de hashes utilizada en blockchain para comprimir y verificar grandes cantidades de datos.

44. Análisis técnico: un enfoque para el estudio de los movimientos de precios y la actividad del mercado en un mercado financiero, incluyendo el mercado de criptomonedas.

45. Forks: un evento en la blockchain en el que se crea una nueva versión de la cadena de bloques debido a un cambio en la regla de consenso.

46. Wallet: una aplicación o dispositivo que permite a los usuarios almacenar, enviar y recibir criptomonedas y tokens.

47. Hard fork: un tipo de fork en la blockchain en el que se realiza un cambio permanente en las reglas de consenso que no es retrocompatible con la versión anterior.

48. Soft fork: un tipo de fork en la blockchain en el que se realiza un cambio en las reglas de consenso que es retrocompatible con la versión anterior.

49. Token utility: la funcionalidad o uso práctico de un token en una blockchain o en una aplicación descentralizada.

50. Token security: un token que representa una parte de una empresa o activo y que cumple con los requisitos reguladores para ser considerado un valor.

51. Ledger: un registro contable distribuido que registra transacciones y balances en una blockchain.

52. Lightning network: una solución de segunda capa para la escalabilidad de la blockchain, que permite realizar transacciones fuera de la cadena de bloques principal.

53. Sidechain: una cadena de bloques separada que está conectada a la cadena de bloques principal y se utiliza para almacenar y transferir activos.

15 PRINCIPALES FUNCIONES DE UN CONTRATO DE UN TOKEN

1. Identificación del token: especifique el nombre y la abreviación del token, así como su estructura (por ejemplo, un token ERC-20 en la blockchain de Ethereum).

2. Propósito y utilidad: explique el propósito y la utilidad del token, incluyendo cómo se utilizará en el ecosistema.

3. Emisión y distribución: defina la cantidad total de tokens que se emitirán, el proceso de distribución y cómo se garantiza la disponibilidad limitada de tokens.

4. Derechos y responsabilidades de los titulares de tokens: describa los derechos y responsabilidades de los titulares de tokens, incluyendo el derecho a recibir ganancias, a participar en la votación, etc.

5. Liquidabilidad: describa cómo se garantiza la liquidez del token y cómo los titulares pueden intercambiar sus tokens.

6. Protección de la propiedad: describa cómo se garantiza la protección de la propiedad de los tokens y cómo se manejan los casos de pérdida o robo.

7. Gobernanza: describa el sistema de gobernanza del token y cómo los titulares de tokens pueden participar en la toma de decisiones.

8. Regulación: describa cómo el token está regulado y cómo se cumplen las normas y regulaciones aplicables.

9. Seguridad: describa las medidas de seguridad implementadas para proteger el token y los activos de los titulares de tokens.

10. Transparencia: describa cómo se garantiza la transparencia en la gestión del token, incluyendo la publicación de estados financieros y otros informes relevantes.

11. Desarrollo y mantenimiento: describa el plan de desarrollo y mantenimiento del token y cómo se financia su desarrollo a largo plazo.

12. Cambios en el contrato: describa el proceso para realizar cambios en el contrato y cómo se garantiza la estabilidad del token.

13. Disponibilidad de la blockchain: describa cómo se garantiza la disponibilidad de la blockchain y cómo se manejan los problemas técnicos.

14. Derechos de autor y propiedad intelectual: describa los derechos de autor y propiedad intelectual relacionados con el token y cómo se protegen.

15. Resolución de disputas: describa el proceso para resolver disputas y cómo se garantiza la equidad en la resolución de conflictos.

Los 15 eventos más importantes en un contrato de token son los siguientes:

1. Emisión: Este evento es el momento en que se crean los tokens y se asignan a sus propietarios.

2. Transferencia: Este evento es el momento en que los tokens se transfieren de un propietario a otro.

3. Distribución de recompensas: Este evento es el momento en que se distribuyen recompensas a los propietarios de tokens por su participación en la plataforma.

4. Burn: Este evento es el momento en que se queman tokens, reduciendo así la oferta total.

5. Actualización del contrato: Este evento es el momento en que se actualiza el contrato para mejorar su funcionamiento o para añadir nuevas funcionalidades.

6. Dividendo: Este evento es el momento en que se reparten dividendos a los propietarios de tokens por su participación en la plataforma.

7. Liquidación: Este evento es el momento en que se venden los tokens y se reparten los fondos a los propietarios.

8. Bloqueo de tokens: Este evento es el momento en que se bloquean tokens para su uso en un momento posterior.

9. Desbloqueo de tokens: Este evento es el momento en que se desbloquean tokens para su uso.

10. Voting: Este evento es el momento en que los propietarios de tokens pueden votar sobre decisiones importantes en la plataforma.

11. Participación en ICO: Este evento es el momento en que los propietarios de tokens pueden participar en una oferta inicial de monedas (ICO).

12. Venta de tokens: Este evento es el momento en que los propietarios de tokens pueden vender sus tokens en el mercado.

13. Listado en un exchange: Este evento es el momento en que los tokens son listados en un exchange para su negociación.

14. Integración con otras plataformas: Este evento es el momento en que los tokens son integrados con otras plataformas para expandir su uso y aumentar su valor.

15. Airdrop: Este evento es el momento en que se regalan tokens a los propietarios de tokens o a nuevos usuarios para promocionar la plataforma.

Conceptos que deben tenerse en cuenta a la hora de desarrollar o utilizar un contrato de token:

1. Interoperabilidad: ¿cómo se integra el token con otros contratos y plataformas?
2. Escalabilidad: ¿cómo se asegura que el contrato pueda manejar un gran número de transacciones?
3. Seguridad: ¿cómo se protege el contrato de ataques y vulnerabilidades?
4. Privacidad: ¿cómo se protege la información de los usuarios y se mantiene la privacidad de los datos?
5. Gobernanza: ¿cómo se toman decisiones importantes en relación al token y el contrato?
6. Regulación: ¿cómo se asegura que el token cumpla con las regulaciones y leyes aplicables?
7. Adopción: ¿cómo se promueve y fomenta la adopción del token entre los usuarios y la comunidad?
8. Sostenibilidad: ¿cómo se asegura que el token sea sostenible y se mantenga su valor a largo plazo?
9. Comunidad: ¿cómo se involucra y fomenta la participación de la comunidad en el desarrollo y utilización del token?
10. Liquidabilidad: ¿cómo se asegura que los usuarios puedan vender o intercambiar fácilmente su token?
11. Integridad de la red: ¿cómo se mantiene la integridad de la red y se evita el spam y la manipulación?
12. Accesibilidad: ¿cómo se asegura que el token sea accesible para una amplia gama de usuarios y plataformas?
13. Transparencia: ¿cómo se garantiza la transparencia en las transacciones y en la gestión del token?
14. Incentivos: ¿cómo se incentivan a los usuarios a participar y utilizar el token?
15. Participación: ¿cómo se fomenta la participación de los usuarios y se les da un papel activo en la gestión y desarrollo del token?

16. Regulación: es importante estar al tanto de las leyes y regulaciones que rigen los tokens y cómo pueden afectar el funcionamiento y el crecimiento del token.

17. Gobernanza: es importante tener un sistema claro de gobernanza que permita a los titulares de tokens participar en la toma de decisiones importantes y votar sobre cambios en la arquitectura del token.

18. Liquidabilidad: es importante asegurarse de que el token tenga una liquidez adecuada en el mercado para que los titulares puedan vender sus tokens con facilidad.

19. Comunidad: es importante tener una comunidad activa y comprometida que pueda contribuir al crecimiento y la adopción del token.

20. Integridad de la cadena de bloques: es importante garantizar la integridad y seguridad de la cadena de bloques en la que se encuentra el token para prevenir cualquier tipo de fraude o manipulación.

21. Alianzas estratégicas: es importante establecer alianzas estratégicas con otros actores del mercado para fomentar la adopción y el crecimiento del token.

22. Transparencia y transacción segura: es importante garantizar la transparencia y seguridad de las transacciones realizadas con el token para garantizar la confianza de los titulares de tokens y el éxito del token en el mercado.

23. Desarrollo y mantenimiento: es importante contar con un equipo de desarrollo sólido que pueda garantizar el desarrollo y mantenimiento del token.

24. Interoperabilidad: es importante garantizar que el token sea compatible con otras plataformas y tecnologías para fomentar su adopción y crecimiento.

25. Eficiencia: es importante que el token sea eficiente en términos de costo y tiempo para facilitar su uso y aumentar su adopción.

26. Cambios en el mercado: es importante estar atentos a los cambios en el mercado y ajustar la estrategia y la estructura del token en consecuencia.

27. Protección de la privacidad: es importante garantizar la privacidad y seguridad de los datos y transacciones realizadas con el token.

28. Marketing y publicidad: es importante llevar a cabo una campaña de marketing y publicidad efectiva para fomentar la adopción y el crecimiento del token.

29. Adopción por parte de los usuarios: es importante fomentar la adopción por parte

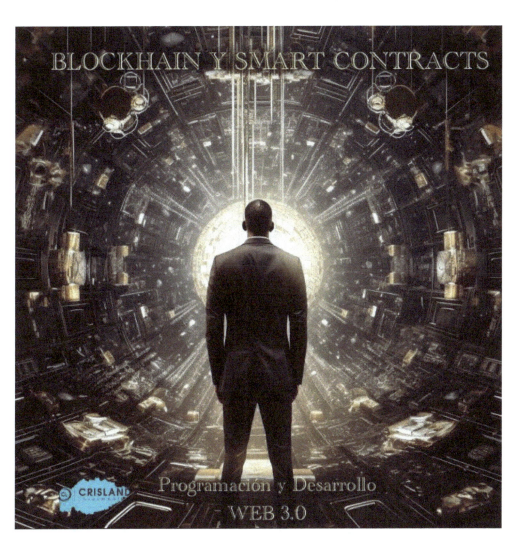